高等职业教育资产评估专业产学研结合系列教材

U0648746

Exercise and Training of
Machinery and Equipment
Evaluation

机器设备评估
习题与实训

刘淑琴 主编

东北财经大学出版社
Dongbei University of Finance & Economics Press
大连

图书在版编目（CIP）数据

机器设备评估习题与实训 / 刘淑琴主编. —大连：东北财经大学出版社，
2020.9

（高等职业教育资产评估专业产学研结合系列教材）

ISBN 978-7-5654-3930-8

Ⅰ. 机… Ⅱ. 刘… Ⅲ. 机械设备−资产评估−高等职业教育−习题集
Ⅳ. F406.4-44

中国版本图书馆CIP数据核字（2020）第140371号

东北财经大学出版社出版

（大连市黑石礁尖山街217号　邮政编码　116025）

网　　址：http：∥www.dufep.cn

读者信箱：dufep@dufe.edu.cn

大连天骄彩色印刷有限公司印刷　　东北财经大学出版社发行

幅面尺寸：185mm×260mm　　字数：146千字　　印张：8　　插页：1

2020年9月第1版　　　　　　2020年9月第1次印刷

责任编辑：王天华　周　慧　　　　　　责任校对：慧　心

封面设计：冀贵收　　　　　　　　　　版式设计：原　皓

定价：20.00元

教学支持　售后服务　　联系电话：（0411）84710309

版权所有　侵权必究　　举报电话：（0411）84710523

如有印装质量问题，请联系营销部：（0411）84710711

前　言

　　2014年国务院发布的《关于加快发展现代职业教育的决定》中提出"推行项目教学、案例教学、工作过程导向教学等教学模式"。2016年7月出台了《中华人民共和国资产评估法》，2017年9月中国资产评估协会发布了25项资产评估执业准则、基本准则和职业道德准则等修订稿。为了顺应我国高等职业教育发展趋势，培养高素质的资产评估与管理专业人才，根据《中华人民共和国资产评估法》和新修订的《资产评估执业准则——机器设备》等执业准则，按照"项目导向、任务驱动"的要求，我们编写了与主教材《机器设备评估》配套的习题与实训。

　　本书与主教材同步，共分十一个项目，均与机器设备评估职业岗位密切相关。在每个任务下均设有不同类型的练习题，题型包括思考题、单项选择题、多项选择题、判断题、计算题和综合题等；每个项目后均设有项目综合实训。

　　本书由山西省财政税务专科学校刘淑琴副教授担任主编，负责策划、设计和总纂。具体编写分工如下：李艳编写项目一和项目二；武洁编写项目三；邓彤、李婷编写项目四；乔兵兵编写项目五、项目六和项目七；刘淑琴编写项目八；冯婵编写项目九、项目十和项目十一。

　　虽然我们在编写过程中尽了最大努力，但由于经验和水平有限，本书还可能存在一些疏漏之处，恳请广大读者在使用过程中给予关注并提出宝贵意见，以便我们进一步修订和完善。

编　者

2020年9月

目　录

上篇　机器设备评估基础

下篇　机器设备评估实务

上篇

机器设备评估基础

项目一

机器设备概述

任务一　机器设备的组成与分类

一、思考题

1.机器设备的概念和组成是什么？

2.机器与机构的异同点是什么？

二、单项选择题

1.下列各项说法正确的是（　　）。

　A.机器的工作部分是直接完成机器预定功能的部分

　B.具有相对运动的构件组合称为机构

　C.机器传动部分的功能是将动力传递到工作部分

　D.机器是机械和机构的统称

2.下列各项属于机器用途、性能综合体现的部分，是机器设备区分和分类依据的是（　　）。

　A.动力部分　　　　　　　　　　B.传动部分

　C.工作部分　　　　　　　　　　D.控制部分

3.下列各项说法正确的是（　　）。

　A.动力部分、传动部分和工作部分都应该根据控制部分的功能要求、运动参数和动力参数的合理范围进行设计和选择

　B.动力部分、传动部分和控制部分都应该根据工作部分的功能要求、运动参数和动力参数的合理范围进行设计和选择

　C.控制部分、传动部分和工作部分都应该根据动力部分的功能要求、运动参数和动力参数的合理范围进行设计和选择

　D.动力部分、控制部分和工作部分都应该根据传动部分的功能要求、运动参数和动力参数的合理范围进行设计和选择

4.四冲程内燃机的活塞组由活塞、活塞环和活塞销等组成，所以活塞组是（　　）。

　A.机构　　　　　B.零件　　　　　C.构件　　　　　D.机械

三、多项选择题

1.下列各项关于机器的说法正确的有（   ）。

A.常用的动力机有电动机和内燃机

B.机器的传动部分是将原动机提供的机械能以动力的形式传递给工作部分

C.工作部分是机器设备区分和分类的依据

D.机器能够实现能量的转换或代替人的劳动去做有用的机械功，而机构没有这样的功能

2.从动能角度进行分析，机器由（   ）组成。

A.动力部分　　　　B.传动部分　　　　C.控制部分　　　　D.工作部分

3.机器的传动有多种类型，按照工作原理可以分为（   ）。

A.机械传动　　　　B.水力传动　　　　C.流体传动　　　　D.电力传动

4.机器与机构的相同点有（   ）。

A.能够实现其他形式能量和机械能的转换

B.各个组成部分之间具有确定的相对运动

C.能够实现运动和动力的传递

D.是一种人为的实物组合

四、判断题

1.在资产评估领域，从自然属性和资产属性两方面对机器设备进行定义。　（   ）

2.从功能分析的角度看，机器设备可分类为零件、构件和机构。　（   ）

3.专用机器设备，是指适用于不同行业或产品特点的各种企业的专用设备。

（   ）

任务二　机器设备的传动

一、思考题

1.螺旋和蜗杆传动机构的联系和区别是什么？

2.轮系的作用是什么？

二、单项选择题

1.机械传动不能起到的作用是（　　　）。

  A.传递动力   B.改变运动速度

  C.改变运动形式   D.提高机械效率

2.下列各项机构具有反向自锁功能的是（　　　）。

  A.滚珠螺旋机构   B.齿轮齿条机构

  C.蜗轮蜗杆机构   D.链传动机构

3.滚珠螺旋传动机构中，反向器的作用是（　　　）。

  A.消除螺杆与螺母螺纹间的间隙 B.防止逆向传动

  C.实现螺母正反运动   D.使滚珠可以循环

4.下列各项关于蜗杆传动机构的说法，错误的是（　　　）。

  A.蜗杆只能绕自身轴线转动，不能沿轴向移动

  B.蜗杆传动也有左旋右旋之分

  C.蜗杆传动中，一般情况下蜗轮是主动件，蜗杆是从动件

  D.蜗杆传动具有自锁作用，自锁时效率在0.5以下

5.蜗杆传动的效率高于（　　　）。

  A.带传动   B.齿轮传动   C.链传动   D.滑动螺旋传动

6.下列各项关于带传动的说法，错误的是（　　　）。

  A.三角带传动是目前机器带传动中应用得最多的传动方式

  B.三角带传动的传动比近似为主动带轮与被动带轮直径之比

  C.三角带比平带多一个工作面

  D.三角带的横截面呈三角形

7.根据轮系中各齿轮的轴线在空间的位置是否固定，基本轮系可分为固定轮系和（　　　）。

  A.差动轮系   B.行星轮系   C.周转轮系   D.变速轮系

8.与齿轮传动相比，普通链传动的突出优点是（　　　）。

  A.能在不良环境下工作

  B.效率较高，最大可达0.99

  C.能保持恒定的瞬时传动比

  D.可传递空间任意配置的两轴之间的运动

9.内燃机的配气机构通常采用（　　　）。

  A.四连杆机构   B.曲柄滑块机构

  C.凸轮机构   D.槽轮机构

三、多项选择题

1.与普通螺旋传动相比，滚珠螺旋传动的特点有（　　　）。

A.传动效率高 B.降速比大

C.结构简单，轴向刚度大 D.摩擦阻力小

2.用滚珠螺旋传动代替普通螺旋传动可以（　　）。

A.提高传动效率 B.降低生产成本

C.提高使用寿命 D.加强反向自锁能力

3.下列各项传动机构为不可逆传动机构的有（　　）。

A.普通螺旋 B.齿轮 C.凸轮 D.蜗杆

4.螺旋传动按照牙形剖面的不同，包括（　　）。

A.三角形 B.齿形 C.圆形 D.梯形

5.下列各项传动机构中，传动轴可以不平行的机构有（　　）。

A.带传动 B.螺旋齿轮传动

C.链传动 D.蜗杆传动

四、判断题

1.螺旋传动可以将旋转运动转变为直线运动，也可以反过来将直线运动转变为旋转运动。 （　　）

2.平带交叉式带传动，两轮转向相反，线速度相等。 （　　）

3.如果需要槽轮静止的时间变短些，可以减少拨盘上圆销的数目。 （　　）

4.反向器的作用是让滚珠在螺旋传动机构运转过程中返回，形成封闭的循环。 （　　）

5.带传动属于摩擦传动，而不属于啮合传动。 （　　）

任务三　机器设备的制造

一、思考题

1.何谓机器的生产过程？何谓机器的工艺过程？

2.获得毛坯的方法有哪些？

3.何谓热处理?

4.什么是表面粗糙度?表面粗糙度对机器零件的使用性能有哪些影响?

二、单项选择题

1.以工序为单位,说明一个工件全部加工过程的卡片常称为(　　)。

　A.工序卡片　　　　　B.工艺过程卡片　　　C.生产卡片　　　　　D.技术卡片

2.下列各项关于铸造的4个必要工作步骤中,表述不正确的是(　　)。

　A.制造与零件形状相同的铸型

　B.制备成分、温度都合适的液态金属

　C.将液态金属浇注到铸型空腔内

　D.凝固后取出铸件并清理它的表面和内腔

3.下列各项毛坯加工方法中,生产的制件通常不需要再做处理即可使用的方法是(　　)。

　A.铸造　　　　　　　B.自由锻造　　　　　C.模锻　　　　　　　D.冲压

4.零件实际几何参数与理想几何参数相符合的程度称为零件的(　　)。

　A.尺寸精度　　　　　B.尺寸误差　　　　　C.加工精度　　　　　D.加工误差

5.相同基本尺寸的甲、乙两个零件,甲零件的精度为IT5级,乙零件的精度为IT7级,由此条件作出的下列判断中,正确的是(　　)。

　A.甲零件的制造成本低,乙零件的制造成本高

　B.甲零件的尺寸公差小,乙零件的尺寸公差大

　C.甲零件的形状公差小,乙零件的形状公差大

　D.甲零件的表面粗糙度小,乙零件的表面粗糙度大

6.在20级尺寸公差中,(　　)在机床和一般较精密的机械制造中用得最普遍。

　A.IT6～IT5　　　　　B.IT7～IT6　　　　　C.IT9～IT8　　　　　D.IT13～IT10

7.轴和孔过盈配合,其公差带的位置关系是(　　)。

　A.轴的公差带在孔的公差带之上　　　　B.轴的公差带在孔的公差带之下

　C.孔的公差带包含轴的公差带　　　　　D.轴的公差带与孔的公差带交叠

8.下列各项关于机器设备精度指数的说法中,错误的是(　　)。

　A.精度指数是评价机器设备有形磨损造成各部件之间相互位置变动的重要数据之一

　B.精度指数越小,说明机器的精度越高

C.精度指数是在对多种类型机器设备的检查中运用数理统计方法求得的

D.任何设备，只要能对所有技术质量要求定出定量标准都可以用精度指数法评价

9.在机器生产的过程中，产品的调试在（　　　）中进行。

A.生产技术准备过程　　　　　　　　　　B.生产服务过程

C.产品的营销过程　　　　　　　　　　　D.产品的装配过程

10.下列各项关于压力加工的叙述，正确的是（　　　）。

A.采用压力加工方法制造的毛坯力学性能不好

B.模锻加工需要模具，而冲压加工不需要模具

C.模锻适用于大批量生产，而冲压只适用于小批量生产

D.模锻适用于加工多种形状的金属原材料，而冲压适用于板料、条料加工

11.下列各项关于热处理的说法，错误的是（　　　）。

A.机械制造中，所有重要的工具和零件都需要进行热处理

B.有的零件在整个工艺过程中要经过两次以上的热处理

C.热处理可以改变金属材料表面的组织或成分

D.热处理不会改变金属内部的组织

12.把钢加热到一定温度，保温一段时间，然后缓慢冷却，这种热处理工艺称为（　　　）。

A.淬火　　　　　　B.回火　　　　　　C.正火　　　　　　D.退火

13.任取加工合格的一对轴和孔相配合，如果出现过盈现象，有可能是（　　　）。

A.过渡配合或过盈配合　　　　　　　　　B.过盈配合或间隙配合

C.间隙配合或过渡配合　　　　　　　　　D.三种配合均有可能

三、多项选择题

1.下列各项属于压力加工的有（　　　）。

A.自由锻造　　　　B.模锻　　　　　　C.回火　　　　　　D.铸造

2.下列各项毛坯生产方法中，在加工过程中需要将金属变为液态的方法有（　　　）。

A.铸造　　　　　　B.模锻　　　　　　C.熔焊　　　　　　D.热处理

3.下列各项关于加工精度的说法，正确的有（　　　）。

A.零件实际几何参数与理想几何参数之间的偏离称为零件的加工精度

B.零件的加工误差越小，它的加工精度就越高

C.零件的尺寸精度指零件表面本身的尺寸和表面间相互的距离尺寸的精度

D.零件的形状精度是指加工后表面实际测得的形状和理想形状的符合程度

4.下列各项关于考核机器设备主要性能指标的表述，正确的有（　　　）。

A.生产性是指机器设备的生产效率

B.可靠性是指机器设备适应任何工作条件并完成规定功能的能力

C.节能性是指机器设备节约能源的能力

D.维修性是指机器设备维修的难易程度

5.评定零件加工质量时，应考虑的因素包括（　　　）。

　　A.零件的尺寸偏差　　　　　　　　　　B.零件的形位偏差

　　C.零件的表面粗糙度　　　　　　　　　D.零件材料的强度、硬度

6.零件的加工精度包括（　　　）。

　　A.尺寸精度　　　　　B.工作进度　　　　C.形状精度　　　　D.位置精度

7.表面粗糙度对机器零件的（　　　）均有较大影响。

　　A.配合性质　　　　　B.耐磨性　　　　　C.抗腐蚀性　　　　D.尺寸精度

四、判断题

1.将原材料变为产品的全过程称为生产过程。　　　　　　　　　　　（　　　）

2.机床床身的毛坯大都是铸造而成的。　　　　　　　　　　　　　　（　　　）

3.自由锻造锻件精度低、生产率低，适于单件、小批量生产。　　　　（　　　）

4.热处理不可以改变金属材料内部组织和性能。　　　　　　　　　　（　　　）

5.由尺寸公差可以看出机器零件尺寸精度的高低。　　　　　　　　　（　　　）

项目综合实训

【实训目的】

通过项目综合实训，熟练掌握机器设备的热处理原理，使学生明确热处理各个环节之间的关系。

【实训资料】

錾口榔头热处理

锤头是日常生产生活的常用工具，工件材料为45钢，要求高硬度、耐磨损、抗冲击，热处理后硬度为42～47HRC，根据其力学性能要求，制定热处理方法为淬火后低温回火。

加工工艺流程为：备料→锻造→刨削或铣削→锉削→划线→锯削→钻孔→攻螺纹→热处理→抛光→表面处理→装配。

热处理工序的作用及注意事项如下：淬火是为了提高硬度和耐磨性。为减少表面氧化、脱碳，加热时要在炉内放入少许木炭。冷却时，手持钳子夹持锤头入水并不断在水中摆动，以保证硬度均匀。低温回火用于减少淬火产生的内应力、增加韧性、降低脆性、达到硬度要求。

【实训要求】

根据以上资料，请分析热处理的具体内容以及各环节之间的关系。

项目二

金属切削机床

任务一　机床概论

一、思考题

1.简述机床的技术经济指标是什么。

2.机床型号的表示方法是什么？

二、单项选择题

1.机床的生产率可以用（　　）表示。

  A.单位切削时间内机床所能加工的工件数

  B.每批工件的数量除以全部切削加工时间、辅助时间和准备结束时间之和

  C.消耗与切削的有效功率与机床输入功率之比

  D.机床完成的年工件数与全年工时总数之比

2.金属切削机床的三化中，标准化是指（　　）。

  A.机床品种的标准化　　　　　　　　B.机床部件的标准化

  C.机床零件的标准化　　　　　　　　D.机床结构的标准化

3.机床型号的首位字母"Y"表示该机床是（　　）。

  A.水压机　　　　　　　　　　　　　B.压力机

  C.齿轮加工机床　　　　　　　　　　D.螺纹加工机床

4.某机床型号为CX5112A/WF，其中X是（　　）代号。

  A.类　　　　　　B.通用特性　　　　C.结构特性　　　　D.组、系

5.采用高速切削可减少（　　），提高机床生产效率。

  A.切削时间　　　　B.辅助时间　　　　C.终结时间　　　　D.准备时间

6.机床型号为B6050，60是（　　）代号。

  A.类别　　　　　　B.主参数　　　　　C.组系　　　　　　D.特性

7.机床型号XKA5032A中的字母K表示这台机床是一台（　　）。

  A.铣床　　　　　　B.重型机床　　　　C.自动机床　　　　D.数控机床

8.按工作精度来划分，M1432A机床属于（　　）。

  A.高精度机床   B.普通机床   C.精密机床   D.重型机床

9.M1432A磨床表示该磨床经第 （   ）次重大改进。

  A.二   B.一   C.四   D.三

三、多项选择题

1.机床工作运动是由 （   ）合成的。

  A.机床的主运动   B.机床的辅助运动

  C.机床的进给运动   D.机床的上、下料运动

2.按机床通用性分类，下列机床中，属于通用机床的有 （   ）。

  A.普通车床   B.曲轴车床

  C.卧式镗床   D.万能升降台铣床

3.按照我国现行的机床型号编制标准，从机床型号上应该可以看出机床的 （   ）。

  A.尺寸   B.档次

  C.主要规格   D.性能与结构特点

4.机床型号MBE1432表示该机床 （   ）。

  A.是一台磨床   B.是一台半自动机床

  C.是一台高精度机床   D.是一台高速机床

5.机床的技术经济指标有 （   ）。

  A.工艺的可能性   B.加工精度和表面粗糙度

  C.生产率和三化程度   D.精度指数

四、判断题

1.工件的精度和表面粗糙度是由机床、刀具、夹具、切削条件和操作者诸方面因素决定的。   （   ）

2.品种系列化是部件通用化和零件标准化的前提。   （   ）

3.一切机床上加工的共性就是把刀具和工件安装在机床上，由机床产生刀具与工件间的相对运动，从而切削出合乎要求的零件。   （   ）

4.当型号中有通用特性代号时，结构特性代号排在通用特性代号之后。 （   ）

5.在保证加工质量的基础上，机床的生产率越高越好。   （   ）

任务二 常见机床

一、思考题

1.磨床的特点是什么？

2.特种加工机床的特点是什么?

二、单项选择题

1.下列各项关于卧式车床的表述,不正确的是(　　)。

A.切削加工进给量是工件旋转一圈,刀具的位移量

B.普通车床由三箱、两杠、两架和床身组成,其中,三箱是床头箱、走刀箱、主轴箱

C.床身上最大工件的回转直径指的是机床上允许装夹工件的最大回转尺寸

D.最大工件长度指的是机床上允许装夹工件长度的最大尺寸

2.下列各项关于CA6140卧式车床的说法,错误的是(　　)。

A.主轴箱将主电机的旋转运动变为主轴多种不同转速的正、反向旋转运动

B.进给箱将主轴的旋转运动变换成尾架多种不同转速的运动

C.丝杠和光杠将进给箱的运动传递给溜板箱

D.溜板箱将光杠和丝杠的旋转运动变换成刀架的直线运动

3.下列各项关于车床的表述,不正确的是(　　)。

A.切削加工中,主轴总是承受切削力

B.丝杠是专门为车削各种螺纹而设置的

C.溜板箱是车床进给运动的操纵箱

D.进给箱中装有将丝杠和光杠的旋转运动变成刀架直线运动的机构

4.下列各项关于立式车床特点的说法,错误的是(　　)。

A.立式车床适用于加工直径大、长度短的大型工件

B.立式车床的主要特征是主轴是直立的

C.立式车床通常没有尾架

D.立式车床的主参数是最大工件回转直径

5.台式钻床的主轴可有多种大小不同的转速,它的变化靠(　　)。

A.电动机转速的直接变动

B.主轴箱上手柄位置的变化

C.变换传动皮带在塔形带轮上的位置

D.工作电压的变化

6.与其他种类的镗床相比,坐标镗床比较突出的特点是(　　)。

A.万能性较强　　　　　　　　　B.主轴的回转精度很高

C.工作台定位精度很高　　　　　D.主轴的转速很高,进给量大

7.拉床的进给运动是（　　　　）。

A.工件的运动 　　　　　　　　　　　　B.拉刀的运动

C.靠拉刀的结构实现的 　　　　　　　　D.靠变换不同的拉刀实现的

8.铣床和刨床的共同特点是（　　　　）。

A.生产率都比较高 　　　　　　　　　　B.主运动都是旋转运动

C.加工范围同样广 　　　　　　　　　　D.加工精度都在IT9～IT7

9.铣床上进行钻削加工时，钻头（　　　　）。

A.只完成主运动 　　　　　　　　　　　B.只完成进给运动

C.同时完成主运动和进给运动 　　　　　D.同时完成主运动和辅助运动

10.磨床加工精度较高，工件经磨削后尺寸精度可达（　　　　）。

A.IT2～IT1 　　　　　B.IT6～IT5 　　　　　C.IT12～IT10 　　　　　D.IT18～IT17

11.下列各项说法正确的是（　　　　）。

A.牛头刨床的主运动是工作台的往复直线运动

B.龙门铣床的主运动是工件随工作台所做的往复直线运动

C.龙门刨床的进给运动是工件随工作台所做的往复直线运动

D.插床的进给运动是工件沿纵向、横向以及圆周三个方向的间歇运动

12.下列各项关于电火花加工特点的叙述，不正确的是（　　　　）。

A.可以加工任何硬、脆、韧、高熔点、高纯度的导电、非导电材料

B.适于加工小孔、薄壁、窄槽及具有复杂截面的零件

C.加工中几乎不受热的影响，因此可以减少热影响层，提高加工后的工件质量

D.由于脉冲参数可调节，因此在同一台机床上可以进行粗、半精、精加工

13.（　　　　）加工通过透明介质（如玻璃）进行加工。

A.电火花 　　　　　B.超声波 　　　　　C.激光 　　　　　D.切削

14.下列各项必须配置间隙自动调节器的机床是（　　　　）。

A.超精加工磨床 　　　　　　　　　　　B.电火花成型加工机床

C.超声波加工机床 　　　　　　　　　　D.激光加工机床

三、多项选择题

1.六角车床和普通车床相比，不同之处有（　　　　）。

A.没有刀架 　　　　　B.没有丝杠 　　　　　C.没有光杠 　　　　　D.没有尾架

2.下列各项机床主参数内容中符合规定的有（　　　　）。

A.普通车床主轴直径 　　　　　　　　　B.卧式铣床的工作台宽度

C.卧式镗床的工作台宽度 　　　　　　　D.台式钻床的最大钻孔直径

3.各种类型磨床所共有的特点包括（　　　　）。

A.采用金属刀具对工件进行加工 　　　　B.磨具的运动为主运动

C.主运动速度较高 　　　　　　　　　　D.机床精度较高

4.以刀具的直线运动作为主运动的机床有（　　　　）。

A.牛头刨床 　　　　　B.龙门刨床 　　　　　C.龙门铣床 　　　　　D.拉床

5.下列各项机床中，以工作台面尺寸作为主参数的有（　　　）。

　　A.立式铣床　　　　B.立式车床　　　　C.龙门刨床　　　　D.龙门铣床

6.下列各项运动属于主运动的有（　　　）。

　　A.铣削时工件的移动　　　　　　　　B.车削时工件的旋转

　　C.铣削时刀具的旋转　　　　　　　　D.钻削时刀具的旋转

7.下列各项机床能加工内圆表面的有（　　　）。

　　A.车床　　　　　　B.钻床　　　　　　C.刨床　　　　　　D.拉床

四、判断题

1.光杠传动实现刀架的纵向进给运动、横向进给运动和快速移动，丝杠传动带动刀架上的车刀做纵向直线移动，以便车削螺纹。　　　　　　　　　　　　　　（　　　）

2.转台是卧式万能铣床的构件。　　　　　　　　　　　　　　　　　　　（　　　）

3.牛头刨床的主参数是最大刨削宽度。　　　　　　　　　　　　　　　　（　　　）

4.激光加工速度极高，热影响区大。　　　　　　　　　　　　　　　　　（　　　）

5.工作台定位精度很高属于磨床的特点。　　　　　　　　　　　　　　　（　　　）

任务三　数控机床

一、思考题

1.数控机床的组成内容是什么？

2.数控机床的特点是什么？

二、单项选择题

1.下列各项关于数控机床加工与普通机床加工的说法，正确的是（　　　）。

　　A.都需要人参与

　　B.都可以获得高的生产率

　　C.都大量使用通用夹具和专用夹具

　　D.都可以实现精确的成本计算

2.下列各项关于数控机床加工零件的说法，不正确的是（　　）。

　　A.是在人的干扰下加工零件

　　B.是按预先编写的零件加工程序自动加工

　　C.其加工精度可以利用软件进行校正和补偿

　　D.一般借用通用夹具

3.数控机床由（　　）组成。

　　A.CAD/CAM 系统、机床主机、辅助装置

　　B.CNC 系统、机床主机、辅助装置

　　C.计算机及 PLC、机床主机、辅助装置

　　D.计算机系统、机床主机、辅助装置

4.与半闭环控制数控机床相比，闭环控制数控机床（　　）。

　　A.具有比较高的加工精度　　　　　　B.设计、调试比较方便

　　C.环内包含的机械环节比较少　　　　D.应用得更广泛

5.加工中心与普通数控机床相比，最大的区别是加工中心具有（　　）。

　　A.计算机数控系统　　　　　　　　　B.刀库，能自动更换刀具

　　C.自动装卸工件装置　　　　　　　　D.物料自动储运装置

6.下列各项表述错误的是（　　）。

　　A.开环控制数控机床不带位置检测反馈装置

　　B.半闭环控制数控机床的检测装置安装在机床工作台上

　　C.闭环控制数控机床的反馈检测装置安装在机床工作台上

　　D.半闭环控制数控机床的检测装置安装在电动机或丝杠的端头

三、多项选择题

1.下列各项可以采用轮廓控制的数控机床有（　　）。

　　A.数控车床　　　　　　　　　　　　B.加工中心

　　C.数控磨床　　　　　　　　　　　　D.数控冲床

2.下列各项数控机床中，可以采用点位控制的有（　　）。

　　A.数控车床　　　　　　　　　　　　B.数控钻床

　　C.数控镗床　　　　　　　　　　　　D.数控电加工机床

3.下列各项关于数控机床分类说法正确的有（　　）。

　　A.按照控制刀具与工件间相对运动的轨迹可将数控机床分为点位控制数控机床和
　　　轮廓控制数控机床

　　B.按照伺服驱动系统的控制方式可将数控机床分为开环控制数控机床和闭环控制
　　　数控机床

　　C.按照加工方式可将数控机床分为金属切削类、金属成型类、特种加工类以及其
　　　他类数控机床

　　D.按照 CNC 装置的功能水平可将数控机床分为高档、中档、低档数控机床

四、判断题

1.CNC装置是CNC系统的核心部件。 （ ）

2.闭环控制数控机床能够减小乃至消除由于传动部件制造、装配所带来的误差，因而可以获得很高的加工精度。 （ ）

3.半闭环控制数控机床的检测元件不是安装在工作台上而是安装在电动机的轴端或丝杠的端头。 （ ）

4.自动换刀装置是加工中心的基本特征，它的投资占到整机投资的30%～50%。

（ ）

任务四 工业机器人

一、思考题

1.工业机器人的组成内容是什么？

2.工业机器人的编程方式是什么？

二、单项选择题

1.工业机器人安装在末端执行器上的夹持器不包括（ ）。

A.机械夹紧 B.液压张紧 C.电力夹紧 D.磁力夹紧

2.下列各项属于非接触传感器的是（ ）。

A.视觉传感器 B.压觉传感器 C.滑觉传感器 D.硬觉传感器

3.采用液压驱动的工业机器人，其液压力可以达到（ ）MPa。

A.0.5 B.1 C.7 D.100

4.对于动作复杂、操作精度要求高的工业机器人一般采用（ ）方式编程。

A.手把手编程 B.工业机器人语言编程

C.示教盒示教编程 D.示教编程方式

三、多项选择题

1.工业机器人按照坐标形式分为（　　）。

　　A.圆柱坐标式　　　　B.直角坐标式　　　　C.空间坐标式　　　　D.球坐标式

2.工业机器人的编程方式有（　　）。

　　A.自动控制方式　　B.示教编程方式　　　C.语言编程方式　　　D.模拟方式

四、判断题

1.对于重复操作型机器人，所面对的作业任务比较简单，一般采用示教编程方式编程。　　　　　　　　　　　　　　　　　　　　　　　　　　　　　（　　）

2.工业机器人语言分为三类，即动作级语言、对象级语言和任务级语言。（　　）

项目综合实训

【实训目的】

通过项目综合实训，熟练掌握工业机器人的特点，使学生们对于工业机器人在实际中的运用和意义，产生深刻理解。

【实训资料】

装配机器人在电器行业的应用案例

工业机器人可用于家用电器、机械、五金、机电产品等领域的装配工作，为了提高产品质量、提升生产率并降低成本，捷克的ABB ELEKTRO-PRAGA厂在自己的双排插座生产过程中就使用了工业机器人。

三台承重能力为6kg的ABB装配机器人是该生产系统的主要特色。装配机器人设计紧凑，由一种高性能的运动控制器驱动。每一台六轴工业机器人皆有加速快、高精度、大功率和承重能力强的特点。最快的循环时间达0.77s，生产线调配最多只需10min，变型产品每周最多可以变化30次，可实现具有灵活性的"订货生产"。

三台装配机器人每天工作8小时可处理8 500个双排插座，每个电插座的循环时间仅需2.3s，只需一名操作员。IRB 140机器人拥有全功能的控制系统，支持多样的任务编程，只需通过简单修改机器人和PLC程序的参数，任何数量和几乎任何类型的视觉检查皆可纳入循环。停工或故障在操作员监控器上显示出来，确切地指示出问题及其发生位置，从而将停工期减至最低。

【实训要求】

根据以上资料，分析工业机器人的意义和作用。

项目三

其他常见机器设备

任务一 内燃机

一、思考题

1.什么是内燃机工况？一般用什么表示？

2.内燃机有效燃料消耗率的含义、单位分别是什么？

3.燃气轮机由几部分组成？每部分的作用是什么？

二、单项选择题

1.内燃机压缩比等于（　　）。
   A.燃烧室容积与气缸的工作容积之比值加1
   B.气缸的工作容积与燃烧室容积之比值加1
   C.燃烧室容积与气缸总容积的比值
   D.气缸总工作容积与燃烧室总容积的比值
2.内燃机的做功冲程发生在（　　）之后，膨胀功经连杆由曲轴输出，从而把燃烧的热能转换为机械功。
   A.进气冲程　　　　B.压缩冲程　　　　C.膨胀冲程　　　　D.排气冲程
3.下列各项关于四冲程柴油机的说法，正确的是（　　）。
   A.六缸柴油机曲轴每转1/6周便有一个气缸做功
   B.柴油机活塞从下止点压缩燃油混合气到达上止点附近时自行着火燃烧
   C.柴油机的气缸数量越多转速越高
   D.在四个冲程中，有两个冲程进气门和排气门同时处于关闭状态
4.内燃机的热效率是一项重要的经济指标，在一般情况下，（　　）的热效率较高。
   A.高速柴油机　　　　B.中速柴油机　　　　C.低速柴油机　　　　D.汽油机

三、多项选择题

1.下列各项表述正确的有（　　　）。

    A.内燃机的压缩比是指气缸工作容积与燃烧室容积之比

    B.柴油机采用增压器，可以增加进气量，多烧油，能提高发动机功率

    C.1E65F表示单缸、二冲程、缸径为65mm、风冷、通用型

    D.和柴油机相比，汽油机的特点是压缩比较低，而转速较高

2.小尺寸的单级离心式压气机具有（　　　）等优点，因此广泛应用于中小型燃气轮机中。

    A.结构简单　　　　　B.空气流量大　　　　C.效率高　　　　　　D.压缩比高

3.内燃机主要的性能指标包括（　　　）。

    A.输出扭矩　　　　　　　　　　　B.有效燃料消耗率

    C.有效热效率　　　　　　　　　　D.内燃机排放

四、判断题

1.型号为12V135ZG的柴油机的气缸直径为135mm。　　　　　　　　　（　　　）

2.在柴油机一个工作循环的四个行程中，燃烧膨胀行程是做功行程。　（　　　）

3.用于汽车的内燃机的有效功率是允许连续运行12个小时的最大有效功率。（　　　）

4.四缸四冲程柴油机曲轴每转1周，有4个气缸做功。　　　　　　　　（　　　）

五、计算题

两台型号分别为R175A和12V240ZJ的柴油机，技术参数见表3-1。

表3-1　　　　　　　　　　　　　　　柴油机技术参数

型号	行程（mm）	转速（r/min）	扭矩（N·m）	燃油消耗量（kg/h）	柴油机的市场售价（元）
R175A	80	2 600	16.2	1.23	1 235
12V240ZJ	260	1 100	17 276.8	418.90	1 200 000

要求：

（1）说出上述柴油机型号的含义。

（2）计算上述柴油机的排量、有效功率和燃油消耗率。

任务二　金属熔炼设备

一、思考题

1. 不同熔炼设备的结构、性能及特点是什么？

2. 冲天炉的生产技术经济指标有哪些？

二、单项选择题

1. 下列各项说法不正确的是（　　　）。
   A. 冲天炉由炉身、烟囱和炉缸组成
   B. 碱性电弧炉可以去除硫、磷，炼出优质钢
   C. 作为铸钢熔炼设备，电弧炉的热效率高于感应电炉
   D. 金属炉料在冲天炉中熔化后，含碳量和含硫量增加
2. 下列各项关于冲天炉的表述，正确的是（　　　）。
   A. 冲天炉的内径越大，生产率越低
   B. 燃料消耗相同时，铁水出炉温度越高，炉子经济效果越好
   C. 相同熔化率下，冲天炉内熔化带处断面面积越大，熔化强度越大
   D. 铁焦比越大，焦炭消耗率越大

三、多项选择题

1. 下列各项属于金属熔炼目的的有（　　　）。
   A. 获得一定形状的零件　　　　　　B. 获得一定温度的金属液体
   C. 减少金属液中的气体　　　　　　D. 减少金属液中的夹杂物
2. 衡量冲天炉的技术经济指标有（　　　）。
   A. 铁水出炉温度　　B. 有效功率　　　　C. 熔化率　　　　D. 燃料消耗率

四、判断题

1. 使用冲天炉生产铁水，脱磷是熔化过程中的重要问题之一。　　　　　　（　　　）

2.电弧炉按炉衬材料和炉渣特点可分为碱性电弧炉和酸性电弧炉。　　　（　　）

3.铁水出炉温度、熔化率和燃料消耗率是衡量冲天炉的重要技术经济指标。（　　）

任务三　金属压力加工设备

一、思考题

1.不同锻压设备的结构、性能及特点是什么？

2.金属的压力加工类型和特点是什么？

二、单项选择题

1.空气锤的工作原理是电动机通过减速器带动（　　　），使压缩活塞在压缩缸中做上下往复运动。

　　A.曲柄连杆机构　　　　　　　　　　B.曲柄滑块机构

　　C.飞轮　　　　　　　　　　　　　　D.摩擦盘

2.空气锤锻锤产生的打击力一般为落下部分质量的（　　　）倍。

　　A.500　　　　　　　　B.1 000　　　　　　　C.1 500　　　　　　　D.2 000

3.（　　　）作用在锻件上的是静压力。

　　A.空气锤　　　　　　　　　　　　　B.蒸汽-空气模锻锤

　　C.热模曲柄压力机　　　　　　　　　D.摩擦压力机

4.下列各项锻造设备中，只有（　　　）在整个工作行程中都能对工件施加最大工作压力。

　　A.空气锤　　　　　　B.摩擦压力机　　　　C.曲柄压力机　　　　D.水压机

5.通用压力机滑块到达极限位置前某一特定距离（或曲轴旋转到下极限位置前某一特定角度时），滑块所容许的最大作用力称为（　　　）。

　　A.吨位　　　　　　　B.公称压力　　　　　C.最大冲击力　　　　D.最大静压力

6.下列各项说法不正确的是（　　　）。

　　A.摩擦压力机无固定的下死点，可以多次打击成形

　　B.水压机在整个行程中，都可以对工件施加最大工作压力

C.与平刃剪切相比，斜刃剪切能量消耗小，剪切质量也好

D.剪板机的主参数有剪切厚度和剪切板料宽度

三、多项选择题

1.冲压指的是靠压力机和模具对（　　）等施加外力，使之产生塑性变形或分离，从而获得所需形状和尺寸的工件的加工方法。

    A.板材　　　　　　　B.带材　　　　　　　C.管材　　　　　　　D.型材

2.锻锤的特点有（　　）。

    A.结构简单，工作灵活　　　　　　　B.通用性强，使用面广

    C.振动较大　　　　　　　　　　　　D.易于维修

3.锻造设备主要有（　　）。

    A.空气锤　　　　　　B.水压机　　　　　　C.开式压力机　　　　D.曲柄压力机

四、判断题

1.金属压力加工设备中，蒸汽-空气模锻锤的规格是以落下部分的质量来表示的。

                             （　　）

2.锻锤是锻造设备的作业部件，由锻锤下落或强迫其高速运动产生动能对坯料做功，使之塑性变形的工艺过程。

                             （　　）

3.剪板机可按其工艺用途和结构类型分为平刃剪板机、斜刃剪板机、多用途剪板机和专用剪板机。

                             （　　）

任务四　压力容器和锅炉

一、思考题

1.为什么压力容器容易出现破坏事故？

2.常见的压力容器由哪几部分组成？

3.试述蒸汽锅炉将供给的冷水变为输出蒸汽的过程以及空气与高温烟气、水、蒸汽的流动过程。

4.锅炉的工作过程有哪些?

二、单项选择题

1.压力容器的设计温度是指（　　　）。

　A.在正常工作条件下，设定的受压元件的金属温度

　B.在正常工作条件下，压力容器内部工作介质的温度

　C.沿金属截面温度的平均值

　D.压力试验时壳体的金属温度

2.当压力容器外径与内径之比（　　　）时为厚壁压力容器。

　A.小于1/10　　　　B.大于1/10　　　　C.小于1.2　　　　D.大于1.2

3.如果想了解压力容器安全状况等级评定标准，应查阅（　　　）。

　A.压力容器安全监察暂行条例　　　　B.在用压力容器检验规程

　C.压力容器安全技术监察规程　　　　D.压力容器使用登记管理规定

4.压力范围在16.0MPa～20.0MPa之间的锅炉为（　　　）。

　A.低压锅炉　　　B.高压锅炉　　　C.亚临界锅炉　　　D.超临界锅炉

5.某压力容器出厂技术文件资料不够齐全，存在某些缺陷，但通过检验认为在规定的操作条件下，可在法定检验安全使用周期中使用，此压力容器的安全等级为（　　　）。

　A.1级　　　　B.2级　　　　C.3级　　　　D.4级

6.热水锅炉的锅炉容量是以（　　　）表示的。

　A.额定容积

　B.在设计燃料、设计额定参数下连续运行所必须保证的最大蒸发量

　C.在设计燃料、设计额定热水温度下连续运行所必须保证的最大产热量

　D.在设计燃料、设计额定热水温度下连续运行所必须保证的最大热水产量

7.水管锅炉中主要提供燃料燃烧空间的是（　　　）。

　A.炉筒　　　　B.过热器　　　　C.水冷壁　　　　D.炉膛及炉墙

8.为了确保锅炉的安全运行，对于蒸发量大于0.2t/h的锅炉，至少要安装两个彼此独立的（　　　）。

　A.安全阀　　　　B.压力表　　　　C.水位表　　　　D.高低水位报警器

9.在电站、机车和船用锅炉中，（   ）对提高整个蒸汽动力装置的循环效率影响最大。

    A.燃烧器   B.过热器   C.省煤器   D.空气预热器

10.下列各项部件布置在锅炉的尾部烟道内的是（   ）。

    A.锅筒   B.水冷壁   C.过热器   D.省煤器

三、多项选择题

1.下列各项关于压力容器的说法，不正确的有（   ）。

    A.分离压力容器代号为S

    B.与空气混合的爆炸下限小于10%为非易燃介质

    C.外径与内径之比K≥1.2时为厚壁容器

    D.最大允许工作压力是在正常使用过程中，容器顶部可能出现的最高表压力

2.新压力容器在验收时必须进行（   ）等工作。

    A.审验制造厂的出厂资料   B.检查焊缝质量

    C.建立容器档案   D.外观检查

3.下列各项关于压力容器主要工艺条件的说法，正确的有（   ）。

    A.通常压力容器的最高工作压力不大于压力容器的设计压力

    B.对盛装液体气体介质的容器，容器制成后，设计压力是安全泄放装置调整的依据

    C.对盛装液体气体介质的容器，容器制成后，设计压力是安装安全泄放装置的依据

    D.设计温度是指在正常工作条件下，设定的受压元件的金属温度

4.锅炉的基本参数有（   ）。

    A.锅炉容量   B.蒸汽压力

    C.锅炉热效率   D.给水温度

5.下列各项起到提高锅炉热效率作用的部件有（   ）。

    A.炉膛及炉墙   B.过热器

    C.省煤器   D.空气预热器

6.按照锅炉的用途分类，锅炉的类别有（   ）。

    A.发电锅炉   B.工业锅炉   C.生活锅炉   D.热水锅炉

四、判断题

1.与相同容积的球形压力容器相比，圆筒形压力容器具有介质流动容易、制造方便和节省材料等优点。（   ）

2.压力容器运行时，通过测温仪表测得的介质温度称为压力容器的金属温度。（   ）

3.工业生产中常用的氧气瓶是储存压力容器。（   ）

4.按燃料的装填方式，锅炉可以分为快装锅炉、组装锅炉和散装锅炉。（   ）

5.对于工业锅炉，省煤器和空气预热器是为提高效率、降低排烟温度而设置的。

（　　）

6.在电站、机车和船用锅炉中，过热器对提高整个蒸汽动力装置的循环效率影响
最大。　　　　　　　　　　　　　　　　　　　　　　　　　　　　　　　（　　）

任务五　起重设备

一、思考题

1.汽车起重机的主要优点有哪些？

2.什么是起重机的工作级别？它是如何确定的？

3.汽车起重机、轮胎起重机、全路面起重机和履带起重机的特点是什么？

二、单项选择题

1.下列各项说法不正确的是（　　　　）。
　　A.吊钩起重机的额定起重量不包括吊钩和动滑轮组的自重
　　B.起重机的利用等级反映了起重机在吊重方面的满载程度
　　C.轮胎起重机、全路面起重机和履带起重机均可吊重行驶
　　D.桥式起重机主要由桥架、大车运行机构、小车运行机构、起升机构和电气设备
　　　组成
2.起重机械的工作级别由起重机的载荷状态和（　　　　）两个因素来确定。
　　A.最大起重量　　　　　　　　　　B.工作的繁忙程度
　　C.起升高度　　　　　　　　　　　D.利用等级
3.下列各项不属于冶金起重机基本性能要求的是（　　　　）。
　　A.必须具有大跨度　　　　　　　　B.必须具有高的工作速度
　　C.具有高的可靠性　　　　　　　　D.具有良好的操作条件和维修条件

4.流动式起重机的主要参数是（　　）。

　A.爬坡度　　　　　　　　　　　　B.转弯半径

　C.最大起升高度　　　　　　　　　D.最大额定起重量

5.为了设计制造的标准化，国家制定了起重设备起重量系列标准，一般新设计的起重设备（　　）应符合标准系列数值。

　A.额定起重量　　　　　　　　　　B.最大起重量

　C.总起重量　　　　　　　　　　　D.有效起重量

6.下列各项起重机中，（　　）既有良好的高速行驶性能，又有较好的通过能力和在崎岖路面行驶、超重作业、吊重行驶的性能。

　A.汽车起重机　　B.轮胎起重机　　C.全路面起重机　　D.履带起重机

三、多项选择题

1.下列各项属于桥式类型起重机的有（　　）。

　A.梁式起重机　　B.缆索起重机　　C.壁行起重机　　D.龙门起重机

2.下列各项属于轻小型起重机的有（　　）。

　A.施工起重机　　B.千斤顶　　　　C.绞车　　　　　D.电动葫芦

3.下列各项不属于流动式起重机的有（　　）。

　A.汽车起重机　　B.铁路起重机　　C.全路面起重机　　D.履带起重机

4.在确定起重机工作级别时考虑的因素有（　　）。

　A.额定起重量　　B.利用等级　　　C.起升高度　　　D.载荷状态

5.桥式起重机的主要取物装置有（　　）。

　A.吊钩　　　　　B.抓斗　　　　　C.电磁吸盘　　　D.启动夹具

四、判断题

1.我国将起重机工作级别划分为6个等级。（　　）

2.起重机能吊起的重物或物料的净质量称为有效起重量。（　　）

3.起重机所用的吊钩多由铸造而成。（　　）

4.起重机的主要参数为最大起重量。（　　）

5.全路面起重机不属于流动式起重机。（　　）

任务六　变压器

一、思考题

1.变压器按照不同的分类标准可分为什么？不同类型的变压器的用途是什么？

2.变压器的基本组成是什么？

3.变压器的主要额定数据包含哪些？

二、单项选择题

1.下列各项关于变压器的叙述，正确的是（　　　）。

　A.空载时，一、二次绕组电动势之比等于匝数之比

　B.带载时，一、二次绕组电流之比近似等于匝数之比

　C.空载时，变压器的铁损和铜损都很小，因此效率最高

　D.额定容量是指在额定电压和额定电流下，运行时能够输送的能量，以千瓦为单位

2.某变压器一次绕组120匝，二次绕组240匝，由此可知，当输入电流为600A时，输出电流约为（　　　）。

　A.1 200A　　　　　B.300A　　　　　C.600A　　　　　D.不确定

3.下列各项关于变压器效率的叙述，不正确的是（　　　）。

　A.变压器满载的效率小于1

　B.变压器空载的效率接近于1

　C.满负荷运行时，电力变压器的效率大于95%

　D.满负荷运行时，电力变压器的效率大于电子设备中使用变压器的效率

4.电力变压器在满负荷运行时效率一般为（　　　）。

　A.1　　　　　B.95%以上　　　　　C.90%以下　　　　　D.0

5.净油器属于变压器的（　　　）。

　A.调压装置　　　　　B.保护装置　　　　　C.储油装置　　　　　D.补油装置

6.下列各项小型变压器的部件中，属于保护装置的是（　　　）。

　A.储油柜　　　　　B.有载分接开关　　　　　C.冷却装置　　　　　D.油箱

7.下列各项小型变压器中，属于较低损耗的是（　　　）。

　A.SJL系列　　　　　B.SL7系列　　　　　C.老S9系列　　　　　D.S系列

三、多项选择题

1.变压器除了可以用来变换电压外，还可以用来变换（   ）。

  A.容量   B.电流   C.相位   D.阻抗

2.变压器的调压装置中，包括（   ）。

  A.气体继电器   B.无励磁开关   C.压力释放阀   D.有载分接开关

3.下列变压器中，归属于电力变压器的有（   ）。

  A.升压变压器   B.调压变压器   C.降压变压器   D.接地变压器

四、判断题

1.净油器属于变压器的补油装置。   （   ）

2.变压器可以用来变换电流、电压和频率。   （   ）

3.变压器的调压装置中，包括气体继电器、无励磁开关、压力释放阀和绕组。

                                             （   ）

五、综合题

1.如何按容量对变压器进行分类？每一类变压器规定的额定电压是多少？

2.一台三相电力变压器，额定电压为220kV，容量为3 150KVA，其额定电流应为多少？

3.解释三相电力变压器温升的含义。变压器安装地点的海拔低于1 000m时，其温升的限值是多少？

项目综合实训

【实训目的】

通过对起重机的相关技术标准的学习，使学生熟悉掌握起重机的分类、工作原理、工作循环次数，从而提高学生对起重设备评估的能力。

【实训资料】

对起重机进行评估时，一般需要对起重机的主要部位进行检查，以确定其损伤情况，并根据所了解到的技术参数做必要的分析计算，评估师评估一台普通桥式起重机，通过查阅起重机的技术档案及现场调查，了解到：

（1）该起重机的设计总工作循环次数是 5×10^5。设计工作载荷有两种：载荷 P1 等于最大工作载荷，作用次数占总工作循环的 1/3；载荷 P2 为最大工作载荷的 50%，作用次数占总工作循环的 2/3；从有关的技术资料可以得到对应 P1 的疲劳破坏循环次数是 2.5×10^5。

（2）该起重机已使用 10 年，前 10 年按原设计工况情况，每年的工作循环数 12 500次，之后只起升 P2 载荷，平均每年的工作循环次数为 20 000 次。

【实训要求】

（1）一般桥式起重机桥架的主要损伤形式是什么？判断桥架是否需要修理的标准是什么？评估师要了解该起重机的磨损情况，应该对哪些部件进行检查？

（2）该起重机对应 P2 载荷的疲劳破坏循环次数是多少？目前的疲劳损伤率是多少？按目前的工况，该起重机的剩余寿命是多少年？

项目四

机器设备常见故障诊断和质量评定

任务一   机器设备常见故障概述

一、思考题

1.如何判断机器是否处于异常状态?

2.设备的故障类型有几种?

二、单项选择题

1.对机械、设备不确定维修周期,而是通过不断地监控设备的运转状况和定量分析其状态资料进行的维修是( )。

  A.定期维修　　　　B.状态维修　　　　C.事后维修　　　　D.预防维修

2.监测设备的状态,判断其是否正常是( )。

  A.设备故障诊断的任务　　　　　　　　B.故障产生的原因

  C.设备状态监测的任务　　　　　　　　D.消除故障的方法

三、多项选择题

1.设备状态监测与故障诊断的任务包括( )。

  A.运行状态的监测

  B.设备运行状态的趋势预报

  C.故障类型、程度、部位、原因的确定

  D.避免过剩维修

2.设备故障类型按故障持续时间分为( )。

  A.临时性故障　　　　　　　　　　　　B.持久性故障

  C.突发性故障　　　　　　　　　　　　D.渐进性故障

四、判断题

1.设备状态维修是今后企业设备维修的发展方向。　　　　　　　　　( )

2.定期维修周期是根据统计结果确定的,能防止设备损坏,是最好的方法。 ( )

3.状态检测维修就是指监测设备状态，不管检修。　　　　　　　　　　　（　　）

任务二　机器设备常见故障诊断技术和方法

一、思考题

1.何为确定性振动？何为随机振动？简谐周期振动与复杂周期振动有何区别？

2.试述数字式频谱分析仪的组成及各组成部分的作用。

二、单项选择题

1.下列各项表述正确的是（　　　）。

A.以振动总值法判断异常振动，优先选用振动位移作为测量参数

B.以振动脉冲测量法判断异常振动，检测的是振动信号的均方根值

C.以频率分析法诊断异常振动，只能查出异常的部位

D.通过动态分析仪可以获得组成信号各个谐波的幅值信息

2.在噪声测量中，所使用的标准声级计大部分采用（　　　）传声器。

A.电容式　　　　　　B.动圈式　　　　　　C.压电式　　　　　　D.电动式

3.在噪声测量中，用A、B、C网络测出的声级值分别为LA、LB、LC。若LC＞LB＞LA，则表明噪声集中在（　　　）。

A.超高频段　　　　　B.高频段　　　　　　C.中频段　　　　　　D.低频段

4.下列各项关于振动、噪声测量的表述正确的是（　　　）。

A.压电式加速度计是非接触式测量仪器

B.磁电式速度传感器工作时不需要电源

C.在滚动轴承磨损和损伤的诊断中，最有效的方法是噪声检测法

D.人耳的听觉仅与声压有关，与频率无关

5.下列各项红外测温仪适合测量200℃以下温度的是（　　　）。

A.简易辐射测温仪　　　　　　　　　　B.辐射测温仪

C.比色测温仪　　　　　　　　　　　　D.单色测温仪

6.下列各项机件磨损油污检测法所用的装置中，更适于早期、精密磨损诊断

是（　　）。

  A.铁谱分析仪   B.光谱分析仪

  C.直读式铁谱仪   D.磁性塞头

 7.下列各项设备故障特征参量的表述中，属于设备输出参数的是（　　）。

  A.设备运行中的输入、输出关系   B.设备零部件的损伤量

  C.设备运行中产生的振动   D.设备运行中的声音

 8.通常把设备故障诊断划分为三个阶段，即状态监测、分析诊断和治理预防。下列各项不属于状态监测阶段工作内容的是（　　）。

  A.获取反映设备运行状态的信息   B.获取反映设备运行状态的征兆

  C.将征兆与故障状态参数进行比较   D.去除无用信号

 9.下列各项关于电涡流测振传感器的表述，错误的是（　　）。

  A.该传感器属于非接触式传感器

  B.该传感器属于能量转换型传感器

  C.该传感器可用于旋转轴轴向位移测量

  D.该传感器可用于旋转轴转速测量

 10.使用声级计测量噪声时，输入传声器的是（　　）。

  A.声压信号   B.声强信号

  C.声功率信号   D.声响度信号

 11.下列各项温度计中，属于非接触式温度计的是（　　）。

  A.膨胀式温度计   B.压力式温度计

  C.比色高温计   D.半导体热敏电阻温度计

 12.下列各项机件磨损油液污染监测法所使用的测量装置中，更适于磨粒尺寸较大的磨损诊断的是（　　）。

  A.光谱分析仪   B.铁谱分析仪

  C.直读式铁谱仪   D.磁性塞头

三、多项选择题

 1.噪声测量的主要参数有（　　）。

  A.声压   B.声强   C.声功率   D.分贝

 2.设备故障诊断通常分为状态监测、分析诊断和治理预防三个阶段，其中分析诊断包括状态识别和诊断决策。下列各项属于分析诊断阶段工作内容的包括（　　）。

  A.获得诊断决策的可靠依据或征兆

  B.将反映设备运行状态的征兆与故障状态参数进行比较，识别设备是否存在故障

  C.找出故障产生的原因及发生的部位

  D.预测设备的性能和故障发展的趋势

 3.下列各项零件中，属于组成压电式加速度计不可缺少的有（　　）。

  A.磁钢   B.质量块   C.线圈   D.压紧弹簧

任务三　机器设备的质量评定

一、思考题

1.一般桥式起重机桥架的主要损伤形式是什么?

2.判断桥架是否需要修理的标准是什么?

3.评估师要了解起重机的磨损情况,应该对哪些部件进行检查?

二、单项选择题

1.机床的（　　　）指机床在不运转时部件间的相互位置精度和主要零件的形状精度、位置精度。

  A.几何精度　　　　B.运动精度　　　　C.传动精度　　　　D.工作精度

2.下列各项不影响机床工作精度的是（　　　）。

  A.机床的刚度　　　　　　　　　　B.机床的热变形

  C.机床的振动　　　　　　　　　　D.机床的噪声

3.锅炉空气预热器的主要腐蚀形式是（　　　）。

  A.高温腐蚀　　　　B.低温腐蚀　　　　C.垢下腐蚀　　　　D.氧化腐蚀

4.（　　　）是压力容器中最危险的一种缺陷,它是导致容器脆性破裂的主要因素,同时又会促进疲劳破裂和腐蚀断裂的产生。

  A.腐蚀　　　　　　B.裂纹　　　　　　C.变形　　　　　　D.磨损

5.安全状况等级为3级的压力容器,每（　　　）年至少进行一次定期内外部检验。

  A.2　　　　　　　B.3　　　　　　　C.6　　　　　　　D.12

6.某在用压力容器出厂文件、资料不够齐全,存在缺陷,但不影响在法定检验周期内的安全使用,该压力容器应该判定为（　　　）。

　　A.一级　　　　　　　B.二级　　　　　　　C.三级　　　　　　　D.四级

7.起重机动载试验的主要目的是（　　　）。

　　A.检验起重机及各部分的结构承载能力

　　B.验证起重机各机构和制动器的功能

　　C.检验起重机的抗倾覆性

　　D.检验起重机的安全可靠性

8.桥式起重机车轮轮缘磨损量超过原厚度（　　　）时，则应报废更换。

　　A.20%　　　　　　　B.30%　　　　　　　C.40%　　　　　　　D.50%

三、多项选择题

1.机床精度的检验包括（　　　）。

　　A.制造精度　　　　　B.位置精度　　　　　C.几何精度　　　　　D.工作精度

2.柴油机冒白烟，可能是（　　　）等原因引起的。

　　A.烧机油　　　　　　　　　　　　　B.柴油中含有水分

　　C.喷油雾化不良　　　　　　　　　　D.工作温度低

3.下列各项关于压力容器耐压试验的说法中，正确的是（　　　）。

　　A.耐压试验是指压力容器停机检验时，所进行的超过最高工作压力的试验

　　B.耐压试验主要用来发现一些潜在的危险缺陷

　　C.耐压试验有时可以起到降低缺陷疲劳扩展速率的作用

　　D.对于固定式压力容器，每两次内外部检验期间内，至少进行一次耐压试验

4.锅炉在（　　　）应进行水压试验。

　　A.供水系统大修理后

　　B.受压元件经过大修理后

　　C.新装后

　　D.停用一个月以上，需要恢复运行前

项目综合实训

【实训目的】

　　通过对故障诊断技术的综合训练，使学生熟练掌握各类诊断技术的内涵、方法，从而提高学生对设备故障的识别、运算和判断能力，为今后的学习打下良好的基础。

【实训资料】

　　宏发科技发展公司有一台机床，该机床的各检查项目的实测精度和允差值见表4-1。

【实训要求】

（1）请根据表4-1的数据，计算该机床的精度指数。

（2）请判断该机床是否可以继续使用。

表 4-1 机床各检查项目的实测精度

项目名称	允差值	实测数值
主轴锥孔轴线的径向跳动	0.01	0.03
主轴线对溜板箱移动的平行度	0.03	0.03
主轴轴向窜动	0.01	0.02
尾座套筒锥孔轴线对溜板箱移动的平行度	0.03	0.04
床头和尾座两顶尖等高度	0.04	0.03
精车外圆圆柱度	0.03	0.04
精车端面平面度	0.02	0.03
精车螺纹螺距误差	0.04	0.04

项目五

机器设备的寿命估算和经济管理

任务一　机器设备的磨损与补偿

一、思考题

1.如何区分第一种无形磨损和第二种无形磨损？

2.可修复磨损和不可修复磨损在评估中如何度量？

3.不可修复磨损包括哪几种情形？

二、单项选择题

1.设备在闲置过程中，由于自然力的作用而腐蚀，或由于管理不善和缺乏必要的维护而自然丧失精度和工作能力的磨损属于（　　　）。

  A.第一种有形磨损　　　　　　　　　　B.第二种有形磨损

  C.第一种无形磨损　　　　　　　　　　D.第二种无形磨损

2.由于重置成本降低，导致现有同种设备的价格下降而出现的贬值为（　　　）。

  A.第一种有形磨损　　　　　　　　　　B.第二种有形磨损

  C.第一种无形磨损　　　　　　　　　　D.第二种无形磨损

3.当机器设备受到第一种无形磨损时，设备应该采用（　　　）进行补偿。

  A.修理　　　　　　B.更新　　　　　　C.技术改造　　　　　　D.不需要

4.第二种无形磨损会导致现有设备显得落后和陈旧，具体不包括（　　　）方面的落后和陈旧。

  A.功能　　　　　B.技术　　　　　　C.效率　　　　　　　D.价格

三、多项选择题

1.第一种有形磨损可能引起设备的（　　　）。

A.公差配合性质变化　　　　　　　B.产品加工精度降低

C.重置成本降低　　　　　　　　　D.零部件形状尺寸的改变

2.下列各项可能导致机器设备自然寿命减小的有（　　　）。

A.第一种有形磨损　　　　　　　　B.第二种有形磨损

C.第一种无形磨损　　　　　　　　D.第二种无形磨损

四、判断题

1.对于不能通过修理消除的有形磨损，其价值损失一般反映为价值的降低，评估师一般采用年限法和观察法来确定折损率。　　　　　　　　　　　　　　　　（　　）

2.在超出能力设计范围时，时间利用率和能力利用率越高，机器设备的第二种有形磨损量就越大。　　　　　　　　　　　　　　　　　　　　　　　　　　　（　　）

3.第二种无形磨损表现出超额运营成本和超额投资成本。　　　　　　　（　　）

五、计算题

某电焊机原始购置成本为50 000元，目前功能相同的替代品的价格为45 000元，并且替代产品与老产品相比每年可以节约电能5 000度，如老电焊机的总使用寿命为20年，剩余使用寿命为10年，采用年限法计算的不可修复磨损引起的损失率为50%，不存在可修复有形磨损，每度电0.5元，折现率为10%，所得税税率为25%。

要求：分别计算该电焊机的第一种无形磨损、第二种无形磨损及有形磨损，并估算该电焊机的现值。

任务二　机器设备的疲劳寿命、经济寿命估算

一、思考题

1.设备的寿命有哪些？

2.经济寿命的估算方法有哪些？

3.疲劳寿命和其他寿命有何不同？

4.设备报废价值和残余价值有何区别？

二、单项选择题

1.常用来确定设备经济寿命的方法不包括（　　　）。
　A.最小年平均费用法　　　　　　　B.低等值劣化法
　C.最小运行费用法　　　　　　　　D.最大收益法
2.下列机器设备寿命中与其他寿命计量单位不同的是（　　　）。
　A.自然寿命　　　　B.经济寿命　　　　C.技术寿命　　　　D.疲劳寿命

三、多项选择题

1.机器设备的寿命包括（　　　）。
　A.自然寿命　　　　B.经济寿命　　　　C.技术寿命　　　　D.疲劳寿命
2.机器设备年使用费包括（　　　）。
　A.运行费　　　　　B.折旧费　　　　　C.维修费　　　　　D.基础费
3.机器设备零件应变包括（　　　）。
　A.弹性应变　　　　B.塑性应变　　　　C.疲劳应变　　　　D.自然应变

四、判断题

1.确定设备经济寿命的方法可以分为静态模式和动态模式。　　　　　　（　　　）
2.静态模式下设备经济寿命的确定方法包括年平均使用成本最小法、低等值劣化法和最大收益法。　　　　　　　　　　　　　　　　　　　　　　　　　　　　（　　　）
3.设备的低劣化现象是指机器设备随着使用年限的增长，有形磨损和无形磨损不断加剧，设备的运行维修费用相应增大。　　　　　　　　　　　　　　　　　　（　　　）
4.确定设备经济寿命的动态模式需要考虑资金时间价值。　　　　　　　（　　　）
5.当设备受到的外力去掉以后，如果设备能完全恢复到原来的状态，那么这就叫作

塑性应变。　　　　　　　　　　　　　　　　　　　　　　　（　　）

6.当设备受到的外力去掉以后，残留下来的那一部分变形称为弹性应变。（　　）

7.零件在受到超过规定应力的作用下会出现变形或者断裂，当零件受到低于规定应力大小的交变应力的作用下，不会出现裂纹或者断裂。　　　　　　（　　）

8.凡是报废的设备，均属于无修理价值或无技术改造的可能，或即使修理或改造，但在经济上不合算。　　　　　　　　　　　　　　　　　　（　　）

9.设备的报废价值是指设备只有金属回收利用价值。　　　　　　（　　）

10.设备的残余价值是指设备的整机不能使用，但是部分零部件还能被其他机器设备所用的价值。　　　　　　　　　　　　　　　　　　　　　（　　）

11.设备的报废价值要大于残余价值。　　　　　　　　　　　　（　　）

12.只要还可以使用或修理后还能使用的设备就可以不申请报废。　（　　）

13.部分或者全部零部件磨损、老化、变形、性能落后都可能使得设备报废。（　　）

五、计算题

1.某标准试件，已知疲劳极限 $\sigma = 30\text{MPa}$，$N_0 = 10^7$，$m = 9$。

要求：计算在对称循环交变应力 $\sigma_1 = 40\text{MPa}$ 和 $\sigma_2 = 20\text{MPa}$ 作用下的疲劳寿命。

2.某设备数控雕刻机原值80 000元，每年的运行维护费和折旧见表5-1。

表5-1　　　　　　　　　　　每年的运行维护费和折旧　　　　　　　　　　　单位：元

使用年份	1	2	3	4	5	6	7
运行维护费用	10 000	11 000	12 000	14 000	17 000	20 000	25 000
累计折旧费用	12 000	22 000	28 000	32 000	35 000	38 000	40 000

要求：使用年平均使用成本最小法确定该设备的经济寿命。

3.某工业锅炉原始价值为250 000元,预计残值为0。每年运行费用增加值为20 000元。

要求:试用低等值劣化法计算该设备的经济寿命。

4.某设备原始价值为65 000元,预计残值为1 000元。每年运行费用增加值为2 000元。

要求:试用低等值劣化法计算该设备的经济寿命。

5.某设备原始价值为280 000元,每年的运行维护费、折旧额和年收益见表5-2。

表5-2   设备的年运行维护费、折旧额和年收益   单位:元

使用年份	1	2	3	4	5	6	7
设备年收益	200 000	190 000	170 000	150 000	120 000	100 000	80 000
年运行维护费用	40 000	50 000	80 000	110 000	140 000	160 000	180 000
年折旧费用	40 000	35 000	30 000	25 000	20 000	20 000	20 000

要求:试用最大净收益法计算该设备的经济寿命。

任务三　机器设备的寿命周期费用

一、思考题

1.机器设备的寿命周期费用的购置费有哪些?

2.机器设备的寿命周期费用的维持费有哪些?

二、单项选择题

1.对设备的技术改造方案进行分析比较时,如果采用不同的改造方案改造后设备的生产效率、使用寿命不同,一般应使用(　　)进行分析比较。
　　A.总费用现值法　　　　　　　　　　B.低等值劣化法
　　C.费用效率分析法　　　　　　　　　D.最小平均费用法

2.甲公司欲购买一台 A 设备,其当前购置费用为 1 000 万元,预计寿命周期为 10年;残值为 0,每年除报废费以外维持费为 10 万元,报废时需发生报废费用 10 万元,若资金年利率为 10%,则 A 设备的寿命周期费用现值为(　　)万元。
　　A.1 110　　　　　　B.1 061.45　　　　　　C.1 100　　　　　　D.1 065.3

三、多项选择题

1.设备维持费用主要包括(　　)。
　　A.试运行费　　　　B.报废费用　　　　C.修理费用　　　　D.后勤支援费用

2.下列各项费用可列入购置费的有(　　)。
　　A.研究开发费　　　B.设计费　　　　　C.制造费　　　　　D.试运行费

3.设备的费用效率要用(　　)等指标来计算。
　　A.设备的残值　　　　　　　　　　　B.系统效率
　　C.寿命周期费用　　　　　　　　　　D.设备的维修费用

四、判断题

1.机器设备必要的厂房等附属设备的费用也应该计算在设备的寿命周期费用中。

（　　）

2.当两台机器设备的生产能力相同时，寿命周期费用可以直接评价设备的好坏。

（　　）

五、计算题

1.某公司欲购买一台设备，其当前购置费用为 200 000 元，预计寿命周期为 8 年，设备年运行维持费用为 30 000 元，报废时需发生报废费用 40 000 元。

试求：若资金年利率为 10%，则该设备的静态寿命周期费用和动态寿命周期费用分别为多少元？

2.某公司欲购买一台台式钻床，其当前购置费用为 40 000 元，预计寿命周期为 10 年，设备年运行维持费用为 1 000 元。

试求：若资金年利率为 10%，则该设备的静态寿命周期费用和动态寿命周期费用分别为多少元？

3.现有三种冲天炉 A、B、C，其寿命周期费用依次分别为 180 万元、165 万元、170 万元。焦炭消耗情况依次分别为 62 吨/日、56 吨/日、59 吨/日。

试求：从系统效率中生产率这一项来比较，哪种设备经济性最好？

任务四　机器设备维修、更新、技术改造的经济分析

一、思考题

1.设备是否需要技术改造，应该用什么方法来确定？

2.设备的大修理费用由什么组成？

3.系统效率可以用什么来表示？

二、单项选择题

1.设备技术改造，是补偿（　　）的重要方法。
　　A.第一种无形磨损　　　　　　　　　B.第二种无形磨损
　　C.第一种有形磨损　　　　　　　　　D.第二种有形磨损
2.对设备的技术改造方案进行分析比较时，如果采用不同的改造方案改造后设备的
生产效率、使用寿命不同，一般应使用（　　　）进行分析比较。
　　A.总费用现值法　　　　　　　　　　B.低等值劣化法
　　C.费用效率分析法　　　　　　　　　D.最小平均费用法

三、多项选择题

1.设备维护包括（　　）。
　　A.日常维护　　　　B.定期维护　　　　C.精度维护　　　　D.法定维护
2.设备检查包括（　　）。
　　A.日常检查　　　　B.定期检查　　　　C.精度检查　　　　D.法定检查
3.设备修理可以分为（　　）。
　　A.预防性修理　　　B.事后修理　　　　C.改善修理　　　　D.质量修理

4.下列各项属于设备的大修理成本的有（　　　）。

　A.原材料费　　　　　B.辅助材料费　　　　C.燃料动力费　　　　D.维修车间经费

四、判断题

1.技术改造投资一般仅占同类新设备购置费用的80%。　　　　　　　　（　　）

2.设备的日常维护和小修理的费用一般列入所属车间的日常经费中。　　（　　）

3.设备更新的经济分析是通过计算比较机器设备技术更新后和更新前的寿命周期费用来决定设备是否需要更新。　　　　　　　　　　　　　　　　　　　　（　　）

五、计算题

1.某生产线预计使用15年，已使用7年，年维护费用为8 000元；目前市场上同类新产品价格为80 000元，年维护费用为4 000元，可使用年限为10年，残值2 000元。若旧生产线目前价值为20 000元，预计8年后残值3 000元。假设折现率i＝10%，不考虑生产产品经济寿命周期及所得税的影响。

要求：试从年度使用费角度分析现在更新生产线是否合适。

2.某旧变压器正常使用每天因铜损、铁损产生电力损耗1 098度，该变压器尚可使用的自然寿命为10年，目前的价值为10 000元。全新变压器的使用寿命为20年，市场价格为195 000元，相同工况每天因铜损、铁损产生电力损耗595度。

要求：试以实际发生年度为比较时点，比较上述两台变压器的年度费用。

3.设备原始价值为40 000元，预计残值为4 000元。第一年运行费用为6 000元，以后每年运行费用增加值为2 000元，即$\lambda = 2\ 000$。假设不计算资金的时间价值。

要求：计算其最佳使用年限及最低年均设备总费用。

4.某在用设备需要进行大修理,预计大修理费用为35 000元,修理之后能够使用2年,每年维护费用为5 000元。如果更新设备,购置费用为90 000元,10年内无须大修理,年维护费用2 000元。折现率为10%,残值忽略不计。

要求:试比较使用旧设备和更新设备哪个方案更经济合理。

5.某机床预计使用10年,现在已经使用7年,年维护费用为9 500元。新机床售价60 000元,年维护费用2 000元。若旧机床现值为30 000元,3年以后残值为3 000元;新机床可使用10年,10年以后残值预计为1 800元。折现率为9%。

要求:不考虑其他因素,分析现在更新是否合适。

任务五　机器设备管理的技术经济指标

一、思考题

1.如何区分第一种无形磨损和第二种无形磨损?

2.可修复磨损和不可修复磨损在评估中如何度量?

3.不可修复磨损包括哪几种情形？

4.设备时间利用率指标有哪些？

5.设备的数量利用率和能力利用率如何度量？

6.综合利用率如何确定？

二、单项选择题

1.某企业实有设备120台，已经安装100台，实际生产过程中有96台在使用，则该企业的已安装设备利用率为（　　）。

　　A.83%　　　　　　B.80%　　　　　　C.96%　　　　　　D.72%

2.一台机器设备设计每天可使用8小时，一年工作300天但是在实际工作中由于客观原因，每天只能开工6小时，一年开工270天，该设备的计划时间利用率为（　　）。

　　A.75%　　　　　　B.90%　　　　　　C.67.5%　　　　　　D.80%

三、多项选择题

1.设备的时间指标包括（　　）。

　　A.日历时间　　　　B.制度时间　　　C.计划工作时间　　　D.实际工作时间

2.设备的时间利用指标有（　　）。

　　A.计划时间利用率　　　　　　　　B.日历时间利用率

　　C.制度时间利用率　　　　　　　　D.实际时间利用率

3.设备的数量指标有（　　）。

　　A.实有设备数　　　　　　　　　　B.已安装设备数

　　C.实际使用设备数　　　　　　　　D.未安装设备数

4.设备的能力指标有（　　　）。

  A.最大生产能力   B.实际生产能力

  C.客观生产能力   D.设计生产能力

四、判断题

1.制度时间是从日历时间扣除节假日、公休日及法律法规行业管理部门对顶不工作的轮班时间后，设备应工作的时间。　　　　　　　　　　　　　　　　　（　　）

2.设备的综合利用率需要综合考虑时间利用情况、能力利用率和数量利用率。

（　　）

3.设备包括企业通过购买、转赠、接受馈赠、融资租出、在用或不在用、安装和未安装的所有属于企业设备数量。　　　　　　　　　　　　　　　　　　（　　）

4.设备的时间利用情况必须考虑机器每天因工作时间过长而不得不停工的时间。

（　　）

五、计算题

1.某设备规定年度使用时间为12个月，每月工作22天，每天开机8小时，额定产量为2 000吨/年。本年度只生产11个月，每月生产22天，每天开机7.5小时，生产产品1 800吨/年。

要求：试计算该设备的时间利用率、能力利用率和综合利用率。

2.某化工设备年度规定使用时间为12个月，额定产量为200吨/年。本年度只生产9个月，生产化工产品120吨。

要求：试计算该设备的时间利用率、能力利用率和综合利用率。

3.某公司为了扩大生产规模，刚刚完成交货还未安装投入使用的设备30台，公司原来拥有设备120台，其中有20台已安装但是处于闲置状态。

要求：试计算现有设备实际利用率、实有设备安装率和已安装设备利用率。

项目综合实训

【实训目的】

通过训练，使学生熟练掌握在实际评估过程中，如何确定设备的寿命周期费用、费用效率和时间利用率，并能够准确测算机器设备关键零件的疲劳寿命，为评估机器设备的价值奠定良好的专业基础。

【实训资料】

一台型号为12V240ZJ的柴油机，燃油消耗量为400千克/小时，功率为1 990KW，目前柴油机的市场价为1 200 000元。假设柴油机的使用寿命为6年，每年计划工作300天，每天按额定负荷工作8个小时，因为客观原因每年实际工作250天，每天工作7.5个小时，柴油的价格按4 500元/吨计算。柴油机的曲柄滑块机构中的连杆的材料常数$C = 3.15 \times 10^{26}$，$m = 9$，连杆在运转中最大应力区的最大应力$\sigma_1 = 300$MPa。

【实训要求】

（1）计算该柴油机的寿命周期费用；

（2）以功率为系统效率，计算每万元的费用效率；

（3）计算连杆的疲劳寿命；

（4）计算该柴油机的时间利用率。

下篇

机器设备评估实务

项目六

机器设备评估相关事项

任务一　机器设备评估主体及相关当事人

一、思考题

1. 机器设备评估主体在什么情况下可以拒绝履行评估委托合同？

2. 国有企业在什么业务中会成为评估委托人？

3. 在法律和评估委托合同中未规定报告使用人的情况下，如何确定评估报告使用人？

二、单项选择题

1. 评估主体不包括（　　）。
　 A. 评估机构　　　　 B. 评估专业人员　　 C. 评估师　　　　　 D. 评估委托人
2. 下列各项说法正确的是（　　）。
　 A. 报告使用人可以按照自己确定的使用范围和方式使用评估报告或评估结论
　 B. 报告使用人应该是法律、法规明确规定，或者是合同规定有权使用报告的人
　 C. 产权持有人有义务配合评估人员对被评估设备进行评估
　 D. 评估委托人如果发现评估结论不合理，可以对评估人员进行非法干预

三、多项选择题

1. 下列各项属于评估人员权利的有（　　）。
　 A. 要求评估委托人提供真实可靠的财务信息、产权信息
　 B. 拒绝评估相关当事人对评估结果的非法干预
　 C. 接受行业协会的管理
　 D. 依法签署报告
2. 机器设备评估的相关当事人包括（　　）。

A 委托人   B.评估机构

C.产权持有人   D.评估报告使用人

3.下列各项属于评估人员义务的有（   ）。

  A.依法独立、客观、公正地从事业务

  B.完成规定的继续教育，保持和提高专业能力

  C.对评估活动中知悉的国家秘密、商业秘密和个人隐私予以保密

  D.与委托人或者其他相关当事人及评估对象有利害关系的，应当回避

四、判断题

1.评估委托人可以在自愿协商的原则下确定。   （   ）

2.司法诉讼中，评估委托人可以是法院、法官或诉讼举证方。   （   ）

3.产权持有人就是评估委托人。   （   ）

4.报告使用人有权按照法律或合同规定的使用方式使用评估报告。   （   ）

任务二 机器设备评估对象与范围

一、思考题

1.机器设备的评估对象有哪些？

2.机器设备评估范围的确定应该考虑哪些影响因素？

3.在何种情况下，机器设备的评估范围应该考虑机器设备本体和对应的无形资产？

二、单项选择题

1.下列各项属于单台机器设备的是（   ）。

  A.汽车   B.生产线   C.车间   D.所属企业设备

2.未安装或不需要安装的设备，评估对象一般为（　　）。

　　A.设备对应权益　　　　　　　　　　B.设备本体

　　C.设备本体与基础设施　　　　　　　D.设备本体与对应的无形资产

3.下列各项不属于机器设备常见评估目的的是（　　）。

　　A.转让　　　　　　　B.抵押　　　　　　　C.司法　　　　　　　D.清算

4.下列各项关于机器设备评估范围的说法中，正确的是（　　）。

　　A.配电、泵站、锅炉等具有独立功能的设备可以随建筑物一起评估

　　B.设备基础价值应包含在设备评估价值中，无须单独评估

　　C.一般来说，对成套设备、机组和复杂的检测设备中含有的专用无形资产，可以和设备一起评估

　　D.成套设备中的技术培训费应一并含在设备评估价值中，无须单独评估

三、多项选择题

1.机器设备的评估对象包括（　　）。

　　A.单台机器设备　　　　　　　　　　B.机器设备组合

　　C.软件技术　　　　　　　　　　　　D.专利

2.某企业自制一台机床，该车床有比较先进的技术，目前市场上还没有出现具有这种技术的设备，现欲将此设备转让，转让后移地使用，则该评估范围包括（　　）。

　　A.设备本体　　　　　　　　　　　　B.设备的附属设备

　　C.设备的基础设施　　　　　　　　　D.设备对应的无形资产

3.很多成套设备、机组在其价值构成中除设备本体费用外，还包含（　　）。

　　A.试车用的原材料　　　　　　　　　B.配套易损件

　　C.技术培训费　　　　　　　　　　　D.相关无形资产

4.对于未安装的设备，设备的评估范围一般不包括（　　）。

　　A.设备本体　　　　　　　　　　　　B.安装基础

　　C.附属设备　　　　　　　　　　　　D.专利技术

四、判断题

1.机器设备大部分是以组合形式对产品进行加工的。　　　　　　　　　（　　）

2.比较复杂或先进的设备，确定评估范围时，要考虑其本体和专利技术。（　　）

任务三　机器设备的评估原则

一、思考题

1.评估工作原则有哪些?

2.评估经济技术原则有哪些?

二、单项选择题

1.合法性原则应该遵循的法律法规不包括（　　　）。

　A.资产评估法　　　　　　　　　　B.资产评估准则

　C.其他相关法律法规　　　　　　　D.评估机构公司章程

2.下列各项不属于机器设备评估的经济技术原则的是（　　　）。

　A.替代原则　　　　　　　　　　　B.合法性原则

　C.最高最佳使用原则　　　　　　　D.供求原则

3.对于技术更新较快的机器设备，评估时必须假定市场条件固定在某一时点，才能进行评估，这遵循了（　　　）。

　A.评估时点原则　　　　　　　　　B.替代原则

　C.供求原则　　　　　　　　　　　D.最高最佳使用原则

三、多项选择题

1.机器设备评估的合法性原则包括（　　　）。

　A.产权合法　　　　B.使用权合法　　　C.处分权合法　　　D.交易权合法

2.最高最佳使用原则包括（　　　）。

　A.用途最佳　　　　B.规模最佳　　　　C.价值最大　　　　D.技术最佳

3.下列各项关于替代原则的说法正确的有（　　　）。

　A.替代原则是为了确保评估的公正性

　B.替代原则下，投资者对具有相同效用的机器设备必定选择价格较低的

　C.替代原则下，使得评估对象的评估价格不会远离同类设备的市场价

　D.替代原则下，评估人员要考虑相近设备的价格牵掣

四、判断题

1.机器设备的评估原则是规范评估工作的重要准则。　　　　　　　　　　（　　　）

2.机器设备的价值是具有动态性的。　　　　　　　　　　　　　　　　　（　　　）

3.替代原则使得评估对象的评估价格不会远离同类设备的市场价。　　　　（　　　）

任务四　机器设备评估假设

一、思考题

1.机器设备评估假设有何作用？

2.常见机器设备评估假设有哪些？如何应用？

二、单项选择题

1.若经营主体不满足持续经营的原因是破产清算，这时的清算完全由债权人或法院指定的清算代理人控制，该经营主体的所有者完全无法控制，因此，在这种情况下一般应该选择（　　）。

  A.原地续用假设   B.强制清算假设

  C.有序清算假设   D.持续经营假设

2.下列各项关于资产评估假设的说法错误的是（　　）。

  A.原地使用假设的资产使用方式和目的可能不变，也可能改变

  B.持续经营不但是一项资产评估假设，也是一项会计假设

  C.持续经营假设可以是针对某个业务资产组的假设

  D.采用最佳使用假设的充分必要条件是技术上可能、经济上可行

3.资产评估结论成立的前提条件是（　　）。

  A.计算正确   B.资产评估假设

  C.评估委托合同   D.评估档案的归集整理

三、多项选择题

1.继续使用假设根据使用空间是否转移可以分为（　　）。

  A.原地使用假设   B.移地使用假设

  C.现有用途假设   D.改变用途假设

2.下列各项关于公开市场的说法正确的有（　　）。

  A.一个有众多买者和卖者的充分竞争的市场

B.买者和卖者的地位是平等的

C.交易双方都有获取足够市场信息的机会和时间

D.买卖双方都能对资产的功能、用途及其交易价格等作出理智的判断

3.清算假设按照产权持有人是否具有控制权可以分为（　　　）。

A.有序清算　　　　B.强制清算　　　　C.报废清算　　　　D.结业清算

四、判断题

1.机器设备评估假设是机器设备评估结论成立的前提条件。　　　　　　（　　）

2.不同的假设可能导致机器设备的价值不同。　　　　　　　　　　　（　　）

3.企业全部资产需要搬迁，因此对于机器设备的评估应该采用移地使用假设。

（　　）

4.凡是能在公开市场上进行交易、用途较为广泛或者通用性较好的机器设备，都可以考虑按公开市场假设进行评估。　　　　　　　　　　　　　　　　（　　）

任务五　机器设备评估方法

一、思考题

1.机器设备的重置成本有哪些计算方法？

2.实体性贬值的常用确定方法有哪些？

3.超额运营成本和超额投资成本的区别是什么？

4.复原重置成本和更新重置成本的区别有哪些？

5.进口设备的从属费用有哪些？

6.使用市场法评估机器设备的前提是什么？有哪些局限？

7.使用收益法对机器设备评估的前提是什么？有哪些局限？

二、单项选择题

1.设备的（　　　）属于进口设备的从属费用。

 A.到岸价　　　　　B.离岸价　　　　　C.国内运杂费　　　　D.国外运杂费

2.计算重置成本时，不应计入的费用是（　　　）。

 A.维修费用　　　　B.购建费用　　　　C.安装费用　　　　D.调试费用

3.采用观察法评估机器设备的实体性贬值，应收集的信息包括（　　　）。

 A.设备的现时技术状态　　　　　　B.设备的实际已使用时间

 C.设备的原始制造质量　　　　　　D.设备的工作环境和条件

4.下列各项关于一般设备尚可使用年限估算的说法中，正确的是（　　　）。

 A.对于较新且使用维护正常的设备，可用设备的总使用年限减去设备的实际已使用年限得到设备的尚可使用年限

 B.对已接近，甚至超过总使用年限的设备，可以通过专业技术人员的判断，直接估算尚可使用年限

 C.对那些不准备通过大修理继续使用的设备，可以不估算尚可使用年限

 D.对于国家规定限期淘汰、禁止超期使用的设备，可根据设备的现时技术状态估算尚可使用年限

5.运用市场法评估机器设备价值，应特别注意参照物与评估对象在（　　　）方面存在的差异。

 A.规格型号　　　　B.制造厂家　　　　C.市场条件　　　　D.交易条件

三、多项选择题

1.下列各项属于设备间接成本的有（　　　）。

  A.管理费用　　　　　　B.基础费用　　　　　　C.设计费用　　　　　　D.保险费用

2.进口设备的重置成本除包括到岸价外，还应包括（　　　）。

  A.进口关税　　　　　　　　　　B.海关监管手续费

  C.境外途中保险费　　　　　　　D.公司手续费

3.机器设备实体性贬值的测算方法主要有（　　　）。

  A.修复费用法　　　　　　　　　B.观察法

  C.使用年限法　　　　　　　　　D.超额费用折现法

4.火力发电设备中，需要考虑的经济性贬值的因素有（　　　）。

  A.由于能源紧张，上网电价上涨

  B.发电使用的煤炭价格上调

  C.为达到环保要求，国家规定应使用脱硫装置

  D.随着技术的不断进步，具有成本优势的水力、风力发电发展加快

5.在用市场法评估机器设备时，需要进行比较调整的个别因素包括（　　　）。

  A.交易数量　　　　　　　　　　B.交易时间

  C.设备型号　　　　　　　　　　D.设备的已使用年限

6.设备的功能性贬值通常表现为（　　　）。

  A.超额重置成本　　　　　　　　B.超额投资成本

  C.超额运营成本　　　　　　　　D.超额更新成本

四、判断题

1.用成本法计算机器设备的价值，主要参数包括：重置成本、经济性贬值和功能性贬值。（　　　）

2.利用综合估价法计算重置成本时，不需要考虑企业利润。（　　　）

3.实体性贬值计算方法有：观察法、修复费用法和使用年限法。（　　　）

4.用市场法评估机器设备时，可以使用直接比较法和相似比较法。（　　　）

5.大部分单项机器设备不具有独立获利能力，所以一般不用收益法进行评估。（　　　）

任务六　机器设备评估依据

一、思考题

1.机器设备的评估依据有哪些？

2.不同方法下的取价依据有何不同？

二、单项选择题

1.与资产评估相关的法律有（　　　）部。

 A.7　　　　　　　　　　B.8　　　　　　　　　　C.9　　　　　　　　　　D.6

2.下列各项属于机器设备评估行为依据的是（　　　）。

 A.委托合同　　　　B.购置合同　　　　C.资产评估法　　　　D.财务报表

3.不同评估方法所需要的取价依据也不同，市场法的取价依据不包括（　　　）。

 A.机器设备的成交价格　　　　　　　B.市场影响因素

 C.时间影响因素　　　　　　　　　　D.使用年限因素

三、多项选择题

1.机器设备评估的法律依据包括（　　　）。

 A.资产评估法　　　　　　　　　　B.资产评估准则

 C.合同法　　　　　　　　　　　　D.其他相关法律

2.机器设备评估的行为依据包括（　　　）。

 A.委托合同　　　　　　　　　　B.委托方公司董事会决议

 C.权属证明材料　　　　　　　　D.财务信息

3.机器设备的产权依据包括（　　　）。

 A.汇款凭证　　　　　　　　　　B.购买合同

 C.购置发票　　　　　　　　　　D.融资租赁合同

4.收益法的取价依据有（　　　）。

 A.收益额　　　　　　　　　　　B.收益年限

 C.折现率　　　　　　　　　　　D.收益稳定性

四、判断题

1.评估人员未能及时取得行为依据，仍然可以开展评估业务。　　　　　　（　　　）

2.评估人员取得产权依据后，要向相关部门进行核实、查验资料的真实性。（　　　）

任务七 机器设备评估基准日

一、思考题

1.如何进行机器设备评估基准日的选择?

2.评估基准日和评估报告日的区别是什么?

二、单项选择题

1.评估基准日的确定是（ ）的责任。

  A.委托方　　　　　　B.产权持有人　　　　C.评估人员　　　　　D.评估机构

2.国有资产评估备案项目评估基准日应该选择在评估报告使用有效期之前至少（ ）个月。

  A.3　　　　　　　　B.4　　　　　　　　C.5　　　　　　　　D.6

3.国有资产评估核准项目评估基准日至少选择在评估报告使用有效期之前至少（ ）个月。

  A.3　　　　　　　　B.4　　　　　　　　C.5　　　　　　　　D.6

4.根据评估基准日的确定时段不同，机器设备评估不包括（ ）。

  A.现时性评估　　　　B.追溯性评估　　　　C.预测性评估　　　　D.未来性评估

5.评估报告日一般为（ ）形成的日期。

  A.评估结论　　　　　B.评估假设　　　　　C.评估报告　　　　　D.评估对象

三、多项选择题

1.评估基准日可以选择（ ）。

  A.过去某一天　　　B.今天　　　　　　C.未来某一天　　　　D.这个月

2.委托人选取评估基准日时重点考虑的因素有（ ）。

  A.法律、法规的规定　　　　　　　　B.尽可能选会计期末

  C.有利于现场调查　　　　　　　　　D.有利于评估结论有效服务于评估目的

3.在评估基准日到评估报告日之间，如果被评估机器设备发生重大变化，评估机构

需要做的工作包括（　　　）。

　　A.对被评估资产所发生的相关事项以及市场条件发生的变化进行了解

　　B.分析判断该事项和变化的重要性

　　C.较重大的事项应该在评估报告中进行披露

　　D.不予理会

四、判断题

1.如果评估业务中需要引用审计报告时，审计截止日必须与评估基准日保持一致。

（　　）

2.现时性机器设备评估基准日一般选择在会计主体的结账日。　　　　（　　）

3.机器设备评估报告日通常为机器设备评估结论形成的日期。　　　　（　　）

4.在评估基准日之后，如果被评估机器设备发生重大变化，评估机构也不需要对报告作出任何改变。　　　　　　　　　　　　　　　　　　　　　　　（　　）

任务八　机器设备评估目的和价值类型

一、思考题

1.市场价值和投资价值如何区分？

2.抵押与质押的区别与联系是什么？

二、单项选择题

1.法定评估业务的评估目的由（　　　）确定。

　　A.委托人　　　　　　B.评估人员　　　　　C.评估机构　　　　　D.法律、法规

2.投资价值是对于（　　　）具有的价值。

　　A.特定投资者　　　　B.市场所有买方　　　C.自愿买方　　　　　D.强制买方

3.确定使用市场价值时，还需要重点考虑（　　　）。

　　A.不同市场的差异　　　　　　　　　　B.不同时间的差异

　　C.不同买方的差异　　　　　　　　　　D.不同评估目的的差异

三、多项选择题

1.根据评估业务性质不同，机器设备评估目的可以分为（　　）。

  A.法定评估业务   B.非法定评估业务

  C.国有设备评估业务   D.普通设备评估业务

2.机器设备服从企业评估目的时，一般包括（　　）。

  A.企业设立   B.企业改制   C.企业增资   D.企业债权转股权

3.机器设备或机器设备组合作为单独评估资产的评估目的有（　　）。

  A.出资   B.抵押   C.保险   D.涉税

4.机器设备评估的价值类型包括（　　）。

  A.市场价值   B.投资价值   C.在用价值   D.清算价值

四、判断题

1.司法诉讼目的的评估包括两类：一类是司法评估，另一类是诉讼协助评估。

（　　）

2.不同的价值类型所代表的机器设备评估价值不仅在性质上是不同的，在数量上往往也存在着较大差异。 （　　）

3.当选择清算价值时，评估对象一般处于强制清算过程中。 （　　）

4.残余价值是指设备只有金属回收利用的价值。 （　　）

项目综合实训

【实训目的】

通过对机器设备评估相关事项的训练，使学生熟练掌握在实际评估过程中，如何确定评估目的、评估范围、评估对象、评估假设和评估依据，为今后的学习打下良好的基础。

【实训资料】

甲公司拟于2017年10月出售一条生产线，委托评估机构对该生产线2017年6月30日的价值进行评估，2017年7月15日开始评估现场工作，2017年8月20日提交资产评估报告，有效期一年。评估人员参照了截止日为2017年3月31日的生产线的审计报告。2017年8月25日生产线市场状况突变，评估机构未对突变情况进行了解和披露。

【实训要求】

（1）在本次生产线评估中，应该如何合理使用评估假设和评估依据？

（2）评估人员参考审计报告的行为是否恰当，并说明理由。

（3）根据期后事项处理原则判断上述评估项目中的期后事项处理是否恰当，并说明理由。

项目七

机器设备评估程序

任务一　认知机器设备评估程序

一、思考题

1.机器设备的评估主要经历哪些程序步骤？

2.机器设备评估程序的执行要求有哪些？

3.机器设备评估程序的重要性表现在哪些方面？

二、单项选择题

1.机器设备评估工作的特点不包括（　　）。

　A.专业性强　　　　B.情况复杂　　　　C.工作量大　　　　D.评估程序特殊

2.机器设备评估程序不包括（　　）。

　A.评估准备阶段　　　　　　　　B.评估工作阶段

　C.评估实施阶段　　　　　　　　D.评估完成阶段

3.当评估机构和评估人员与其他当事人之间就评估服务引起纠纷时，司法部门更倾向于追究（　　）方面的责任。

　A.评估程序　　　B.评估方法　　　C.评估计划　　　D.委托合同

4.（　　）是指资产评估机构及资产评估专业人员执行资产评估业务所履行的系统性工作步骤。

　A.资产评估程序　　　　　　　　B.资产评估理论

　C.资产评估方法　　　　　　　　D.资产评估准则

三、多项选择题

1.机器设备评估准备阶段包括（　　）。

  A.明确业务基本事项   B.签订业务委托合同

  C.编制设备评估计划   D.确定评估方法

2.机器设备评估实施阶段包括（ ）。

  A.进行评估现场调查   B.收集整理评估资料

  C.撰写评估报告   D.评定估算形成评估结论

3.机器设备评估完成阶段包括（ ）。

  A.编制出具评估报告   B.整理归集评估档案

  C.收取评估经费   D.报管理部门审批

4.机器设备评估程序的重要性表现包括（ ）。

  A.机器设备评估程序是评估行为合法性的重要保证

  B.机器设备评估程序是评估业务质量的重要保证

  C.机器设备评估程序是评估机构和评估专业人员防范风险的重要手段之一

  D.机器设备评估程序是提高行业公信力的重要保证

四、判断题

1.对于无法完成的评估程序，评估人员可以继续进行评估。   （ ）

2.机器设备评估程序不得随意更改，评估人员可以根据评估业务的特点进行细化。

                           （ ）

3.履行机器设备评估程序，可以使得评估机构和评估人员免于承担法律责任。

                           （ ）

4.只要履行了机器设备评估程序就可以保证评估质量。   （ ）

任务二　明确业务基本事项

一、思考题

1.评估业务的基本事项包括哪些?

2.产权持有人如果不配合提供产权信息、财务报表等，评估机构和评估人员该如何实施评估?

二、单项选择题

1.评估委托人不可以是（   ）。

    A.自然人   B.法人   C.其他组织   D.任何人

2.某设备的评估基准日为2019年3月5日，委托方提供全部约定资料于2019年3月30日完成，则下列各项可以作为评估报告交付日期的是（   ）。

    A.3月10日   B.3月30日   C.4月5日   D.4月15日前

三、多项选择题

1.评估业务的相关当事人包括（   ）。

    A.委托人   B.产权持有人   C.报告使用人   D.评估人员

2.评估报告使用人包括（   ）。

    A.委托人   B.产权持有人   C.国家监管部门   D.银行或法院

3.评估人员了解的评估对象的基本情况包括（   ）。

    A.经济状况   B.实物状况   C.设备类型   D.设备加工范围

4.评估基准日可以是（   ）。

    A.将来的某天   B.过去的某天   C.现在的某天   D.过去的某月

5.产权持有人配合和协助的事情包括（   ）。

    A.配合现场调查   B.提供产权和实物状况资料

    C.协调与其他组织的对接   D.落实资产清查报告

四、判断题

1.评估委托人必须是产权持有人。   （   ）

2.确定评估目的是评估人员的责任。   （   ）

3.评估服务费的支付方式有一次付款和分阶段付款。   （   ）

任务三　资产评估业务委托合同

一、思考题

1.是否必须要签署委托合同后才能开展机器设备评估业务？

2.什么情况下评估机构可以单方终止合同，并不承担法律责任？

二、单项选择题

1.评估委托合同应当采用（　　）。
　　A.书面形式　　　　　　　　　　B.口头形式
　　C.自愿约定形式　　　　　　　　D.法律允许的形式
2.下列各项不属于评估服务费需要约定内容的是（　　）。
　　A.服务费总额或支付标准　　　　B.计价货币种类
　　C.支付方式　　　　　　　　　　D.设备价值

三、多项选择题

1.下列各项属于机器设备评估委托合同内容的有（　　）。
　　A.评估机构和委托方的名称、住所、联系人和联系方式
　　B.评估基准日和报告交付日
　　C.评估目的和价值类型
　　D.评估服务费和支付方式
2.下列评估机构中，可以提前终止委托合同的有（　　）。
　　A.委托人拒绝提供或者不如实提供执行评估业务所需的权属证明
　　B.委托人要求出具虚假评估报告
　　C.委托人非法干预评估结果
　　D.评估程序执行受限，而且无法弥补的情形
3.确定评估服务费时，应该考虑的事项有（　　）。
　　A.设备规模、数量和设备地理分布情况
　　B.设备现场调查和市场调查的难易程度
　　C.评估机构和评估专业人员可能承担的风险
　　D.投入的人力资源、耗费的工作时间

四、判断题

1.评估人员可以直接和评估委托人签订评估合同。　　　　　　　　（　　）
2.委托人拒绝提供或者不如实提供执行评估业务所需的权属证明、财务会计信息和其他资料，评估机构可以提前终止委托合同。　　　　　　　　　　　　（　　）
3.如果合同提前终止，委托方仍然要支付评估机构全额的服务费。　（　　）
4.评估委托合同需要签名并盖章才能生效。　　　　　　　　　　　（　　）
5.评估委托合同可以采用补充合同进行后续约定。　　　　　　　　（　　）

任务四　机器设备评估计划

一、思考题

1.机器设备评估计划的主要内容有哪些?

2.编制评估计划时需要考虑哪些因素?

二、单项选择题

1.下列各项可以用来指导评估项目具体实施的是（　　）。

  A.评估计划　　　　B.评估目的　　　　　C.评估价值类型　　　D.评估方法

2.在安排设备评估时间进度的时候，不需要考虑（　　）。

  A.评估报告交付日期　　　　　　　　B.评估业务实施的重点

  C.评估业务的难点　　　　　　　　　D.评估方法的选择

三、多项选择题

1.编制设备评估计划需要考虑的因素有（　　）。

  A.评估项目的规模和复杂程度　　　　B.产权持有人的配合程度

  C.评估人员的专业能力　　　　　　　D.相关资料的收集情况

2.评估实施过程主要包括（　　）。

  A.现场调查　　　　　　　　　　　　B.评估资料收集

  C.评估估算　　　　　　　　　　　　D.编制和出具评估报告

3.在安排评估人员时需要考虑的因素有（　　）。

  A.设备总规模　　　　　　　　　　　B.设备的地理分布

  C.评估时间要求　　　　　　　　　　D.价值类型

四、判断题

1.评估计划是评估程序执行中的第一步。　　　　　　　　　　　　　（　　）

2.评估计划一旦确定后不可更改，必须按计划执行评估业务。　　　　（　　）

3.编制评估计划时，要考虑评估委托人的诚信状况和提供资料的可靠性。 （ ）

任务五 进行评估现场调查

一、思考题

1.现场调查的内容有哪些？

2.现场调查受限应如何处理？

二、单项选择题

1.机器设备现场调查的内容不包括（ ）。

  A.设备实物状况   B.权属状况

  C.设备的技术状况   D.设备的价值类型

2.（ ）是了解机器设备的重要方法，是其他方法不能替代的。

  A.市场调查   B.现场调查

  C.产权持有人提供的信息   D.财务报表

3.机器设备现场调查受限中，属于相关当事人原因的是（ ）。

  A.不提供权属资料   B.不提供财务信息

  C.不配合现场调查   D.诉讼保全

三、多项选择题

1.通过现场调查对设备现状调查时，需要调查的内容包括（ ）。

  A.实物状况   B.技术状况   C.数量情况   D.磨损程度

2.机器设备的法律权属包括（ ）。

  A.使用权   B.所有权   C.抵押权   D.租赁权

3.现场调查的方式有（ ）。

  A.全面调查   B.抽样调查   C.市场调查   D.问卷调查

4.现场调查受限的原因有（ ）。

  A.设备原因   B.相关当事人原因

C.权属不明   D.技术原因

5.现场调查手段通常包括（   ）。

A.询问   B.访谈   C.核对   D.监盘

四、判断题

1.在现场调查时，评估人员应当取得被评估设备的权属证明，并与相关部门进行核对。   （   ）

2.当被评估范围内设备数量较少、单台设备的价值量大时，应采用全面调查的方法进行现场调查。   （   ）

3.采用抽样调查方法时，要充分考虑并估计抽样带来的风险，以及抽样误差对评估结果的影响。   （   ）

4.采用全面调查和抽样调查一样，都需要在评估报告中进行披露。   （   ）

5.当现场调查受限时，评估机构和评估人员应该立即停止评估，并解除委托合同。   （   ）

任务六　收集整理评估资料、评定估算形成结论

一、思考题

1.收集评估资料时，评估人员应该收集哪些资料？

2.评估人员可以通过哪些渠道获得所需评估资料？

3.评估资料收集完成后，需要对资料的真实性和完整性进行核查吗？如果需要，用什么方式进行核查？

4.评估方法的选择依据是什么？

5.不同评估方法得到的评估结论不同时，要做哪些分析？

二、单项选择题

1.下列各项不属于会计信息证明材料的是（　　）。

　　A.会计账簿　　　　B.会计报表　　　　C.会计主体　　　　D.会计凭证

2.支持设备进行基本假设的资料不包括（　　）。

　　A.持续使用假设资料　　　　　　　B.企业经营模式资料

　　C.收益预测资料　　　　　　　　　D.评估估算资料

3.下列各项不属于按照信息是否被处理过划分的信息类型的是（　　）。

　　A.未经处理的信息　　　　　　　　B.有选择地改动过的信息

　　C.按照一定目的改动过的信息　　　D.不可用信息

三、多项选择题

1.机器设备权属证明材料包括（　　）。

　　A.购置合同　　　　B.购置发票　　　　C.付款证明　　　　D.入库证明

2.从资料来源分，评估资料可以分为（　　）。

　　A.从市场获得的资料　　　　　　　B.从相关当事人处获得的资料

　　C.从政府处获得的资料　　　　　　D.专业数据库

3.核查鉴定后的评估资料按照可用性原则划分可以分为（　　）。

　　A.可用性评估资料　　　　　　　　B.有参考价值的评估资料

　　C.不可用评估资料　　　　　　　　D.没有参考价值的评估资料

4.成本法评估设备时运用的主要参数有（　　）。

　　A.重置成本　　　　B.实体性贬值　　　C.功能性贬值　　　D.经济性贬值

5.收益法评估设备时运用的主要参数有（　　）。

　　A.年净收益额　　　B.收益期限　　　　C.折现率　　　　　D.收益的可靠程度

6.选择两种以上的评估方法进行评估时，分析不同方法之间的可靠性主要是分析（　　）。

　　A.评估结论　　　　　　　　　　　　B.评估参数

　　C.评估结论差异原因　　　　　　　　D.评估资料和数据

7.机器设备评估的常用评估方法包括（　　）。

　　A.市场法　　　　　B.收益法　　　　　C.成本法　　　　　D.长期趋势法

四、判断题

1.如果检查验证评估资料的程序受限，评估师应该立刻停止评估并解除委托合同。（　　）

2.对于超出资产评估专业人员专业能力范畴的核查验证事项，委托或要求委托人委托其他专业机构出具意见。（　　）

3.评估人员可以从行业协会得到有关产业结构与发展情况、市场竞争情况等信息。（　　）

4.市场法评估设备时，应合理选择可比案例，分析评估对象和可比参照物的相关资料和价值影响因素，通过可比因素的差异调整，得出评估对象的价值。（　　）

5.机器设备评估一般不采用收益法的原因是不能准确确定收益年限。（　　）

任务七　编制出具评估报告和整理归集评估档案

一、思考题

1.评估报告的内容应该包括哪些?

2.整理归集档案时，有何要求?

二、单项选择题

1.评估人员应在评估报告日后（　　）日内完成工作底稿的整理。

A.30　　　　　　　　B.60　　　　　　　　C.90　　　　　　　　D.120

2.评估报告签名时，不需要签字的人员是（　　）。

A.参与评估项目的评估人员　　　　　　B.评估机构法人

C.参与评估项目的评估师　　　　　　　D.被评估设备所属评估主体法人

3.关于评估报告的内部审核，对资料审核的内容不包括（　　）。

A.资料的完整性　　　　　　　　　　　B.资料的客观性

C.资料的时效性　　　　　　　　　　　D.资料的可用性

三、多项选择题

1.下列各项属于评估报告内容的有（　　　）。
　　A.标题文号　　　　　　B.正文　　　　　　　C.目录　　　　　　D.附件
2.下列各项属于评估机构内部审核的内容的有（　　　）。
　　A.评估程序的履行情况　　　　　　　B.评估方法的选择
　　C.计算过程　　　　　　　　　　　　D.评估目的和价值类型
3.评估机构对外部审核意见的处理方法包括（　　　）。
　　A.形成回复意见　　　　　　　　　　B.补充修改评估报告
　　C.重新出具评估报告　　　　　　　　D.不予理会
4.评估机构对评估报告的内部审核主要重视（　　　）方面。
　　A.报告质量　　　　　B.报告速度　　　　C.报告内容　　　　D.报告效果
5.工作底稿按照内容可以分为（　　　）。
　　A.纸质底稿　　　　　B.操作类底稿　　　　C.管理类底稿　　　　D.技术类底稿

四、判断题

1.不同评估项目的调查重点不同，但是工作底稿要相同，评估人员应该编制相应的工作计划。　　　　　　　　　　　　　　　　　　　　　　　　　　　　　　（　　　）
2.评估报告在出具前要进行内部审核和外部审核。　　　　　　　　　　（　　　）
3.评估结论形成后，评估人员必须编制评估报告。　　　　　　　　　　（　　　）
4.评估报告需要签名并盖章后才能生效。　　　　　　　　　　　　　　（　　　）
5.整理归集评估档案也是资产评估程序中重要的一部分。　　　　　　　（　　　）

项目综合实训

【实训目的】
　　通过对机器设备评估程序的训练，使学生熟练掌握在实际评估过程中，如何洽谈评估业务，需要注意哪些问题，签订合同的注意事项，现场调查的内容，学会评估中常见的程序受限处理方法和评估计划改变的原因、处理程序，为今后的学习打下良好的基础。

【实训资料】
　　资产评估公司接受甲公司委托对其一台生产设备进行评估，该生产设备系2007年5月从英国W公司引进的。账面价值6 753万元人民币，生产能力为15万吨/年，公司改制需对此设备进行评估，评估基准日为2018年1月5日。经调查了解，市场同类设备的合同价（到岸价）是750万美元，生产能力为19万吨/年。银行财务费率为0.7%，外贸手续费率为1.3%，海关监管费率为0.4%，国内运杂费率为0.9%，安装调试费率为5%，其他费率为1.2%。设备从订购到安装完毕投入使用需半年，银行贷款利率为5.8%，美元兑人民币的汇率为1∶6.285。经专业人员对该设备运行情况检测，该设备运行状态良好，设备运转率在90%以上，属完好设备，尚可使用8年。双方约定2018年5月6日提交资产评估报告。订立资产评估委托合同后执行资产评估程序，发现前期了解及收集的资料存在误差，遂对资产评估计划进行了调整，为保持独立性，评估公司未将计划的调整告知甲公司，现场调查时发现有3台机器因诉讼保全无法实施现场调查，评估公司评估风险后终止了评估业务。

【实训要求】

（1）作为评估人员对该机器设备进行评估和鉴定，需要做哪些工作？

（2）在执行评估程序的过程中，评估公司和评估人员需要注意哪些问题？

（3）指出本次评估业务中的不恰当之处，并说明理由。

（4）评估实务中常见现场调查受限原因及处理方法有哪些？

（5）评估中资产评估计划调整的原因有哪些？

项目八

成本法评估机器设备

任务一　成本法的基本原理

一、思考题

1.什么是成本法，机器设备评估中应用成本法时，其基本思路和基本数学表达式是什么？

2.说明成本法的基本要素有哪些？

3.什么是复原重置成本和更新重置成本，两者之间有何异同？

4.说明成本法中重置成本、实体性贬值、功能性贬值和经济性贬值的含义。

5.成本法适用的前提和范围有哪些？

6.应用成本法评估机器设备应注意哪些问题？

二、单项选择题

1.通过估算被评估机器设备的重置成本和各种贬值，用重置成本扣减各种贬值作为资产评估价值的方法是（　　　）。

    A.成本法　　　　　　B.市场法　　　　　　C.收益法　　　　　　D.直接法

2.从一般意义上讲，成本法的运用要素不涉及（　　　）。

    A.资产的折旧　　　　　　　　　　B.资产的经济性贬值

    C.资产的实体性贬值　　　　　　　D.资产的重置成本

3.采用成本法评估机器设备，首先要做的是（　　　）。

    A.合理确定重置成本的设备类型　　B.合理确定重置成本的设备本体

    C.合理确定重置成本的设备安装方式　D.合理确定重置成本的构成要素

4.（　　　）是指机器设备由于使用及自然力的作用导致其物理性能的损耗或下降而引起的机器设备的价值损失。

    A.无形损耗　　　　　　　　　　　B.实体性贬值

    C.功能性贬值　　　　　　　　　　D.经济性贬值

5.下列各项属于机器设备功能性贬值的是（　　　）。

    A.由于大量产品积压，某车间由三班倒改为两班倒造成的设备开工不足

    B.由于设备生产厂家采用新技术，使某厂使用的设备相对物耗上升了20%

    C.由于市场疲软，某车间的10台设备，只有6台使用，造成4台闲置

    D.由于原材料紧缺，某厂处于半停产状态，造成设备闲置

6.机器设备因技术进步使其功能相对陈旧而带来的无形损耗影响着机器设备的评估值，在评估其价值时应将（　　　）扣除，此项因素属于影响机器设备评估价值的基本因素。

    A.原始成本　　　　　　　　　　　B.完全重置成本

    C.成新率　　　　　　　　　　　　D.功能成本系数和功能性贬值

7.复原重置成本与更新重置成本的相同之处在于运用（　　　）。

    A.相同的设计　　　　　　　　　　B.资产的现时价格

    C.相同的原材料　　　　　　　　　D.相同的建造技术标准

8.有关复原重置成本和更新重置成本的说法，错误的是（　　　）。

    A.价格指数法估算的重置成本是复原重置成本

    B.一项科学技术进步较快的资产，采用价格指数法估算的重置成本往往会偏低

    C.两者的共同点是都建立在利用历史资料的基础上

    D.重置核算法估算的重置成本是更新重置成本

9.由于外部条件的变化引起资产闲置，收益下降等而造成的机器设备价值损失是（　　　）贬值。

    A.实体性　　　　　　B.经济性　　　　　　C.功能性　　　　　　D.内在性

10.新型号的手机、个人计算机等电子类产品大量出现，从而导致原有型号的该类商品迅速降价，这种贬值或损耗在资产评估中称为（　　　）。

A.有形损耗　　　　B.实体性贬值　　　C.经济性贬值　　　D.功能性贬值

三、多项选择题

1.从理论上讲，机器设备评估的成本法涉及的基本要素包括（　　　）。
　　A.重置成本　　　　　　　　　　　B.有形损耗
　　C.功能性贬值　　　　　　　　　　D.经济性贬值

2.复原重置成本与更新重置成本的差异在于机器设备（　　　）。
　　A.功能不同　　　　　　　　　　　B.成本构成不同
　　C.价格标准不同　　　　　　　　　D.材料、标准、技术等不同

3.下列关于机器设备评估方法的说法中，正确的是（　　　）。
　　A.机器设备评估应当根据评估目的、评估对象、价值类型、资料收集等情况选择
　　　评估方法
　　B.对于具有独立运营能力或者独立获利能力的机器设备组合进行评估时，成本法
　　　可以作为唯一使用的评估方法
　　C.用于租赁的设备可以采用收益法进行评估
　　D.机器设备的重置成本可以划分为更新重置成本与复原重置成本

四、判断题

1.机器设备的重置成本是指在评估时点再获取全新设备的取得成本。　　　　（　　　）

2.更新重置成本是按被评估机器设备的功能重置的全部成本。　　　　　　（　　　）

3.一般而言，机器设备复原重置成本大于更新重置成本。　　　　　　　　（　　　）

4.运用成本法具体评估机器设备价值时，所有的机器设备评估一定都存在三种
贬值。　　　　　　　　　　　　　　　　　　　　　　　　　　　　　　（　　　）

5.为节省资源和减少污染，政府规定年产1万吨以下的造纸厂必须关闭，由此造成
年产1万吨以下企业的设备产生贬值，这种贬值属于经济性贬值。　　　　（　　　）

任务二　成本法的运用

一、思考题

1.什么是机器设备重置成本？其构成要素有哪些？

2.如何区别机器设备的实体性贬值、功能性贬值和经济性贬值？

3.确定设备本体重置成本的方法有几种？

4.什么是实体性贬值？估算实体性贬值的方法有哪些？

5.引起功能性贬值的原因有几种？如何估算？

6.什么是经济性贬值？引起的原因是什么？如何估算？

7.应用成本法评估机器设备应注意哪些问题？

二、单项选择题

1.机器设备本体的重置成本通常是指设备的（　　　）。
　A.购买价+运杂费　　　　　　　　　　B.建造价+安装费
　C.购买价+运杂费+安装费　　　　　　D.购买价或建造价
　2.需要安装的设备，且安装调试周期长，其重置成本除考虑正常费用外，还要考虑（　　　）。
　A.调试费　　　　　B.安装费　　　　　C.运输费　　　　　D.资金成本
3.机器设备评估中的直接法是确定（　　　）重置成本最常使用的方法。
　A.非标准设备　　　　B.专用设备　　　　C.通用设备　　　　D.自制设备

4.评估人员向近期购买该厂的同类产品的其他客户了解产品实际成交价格，这种方法属于（　　　）。

A.市场询价　　　　　　　　　　　　B.综合评估

C.使用价格资料　　　　　　　　　　D.重置核算

5.被评估机器设备甲生产能力为60 000件/年，参照机器设备乙的重置成本为5 000元，生产能力为30 000件/年，设规模经济效益指数x取值0.7，被评估机器设备甲的重置成本最接近于（　　　）元。

A.7 300　　　　　B.6 500　　　　　C.7 212　　　　　D.8 123

6.用物价指数法将设备的历史成本调整为评估基准日的成本，该结果是（　　　）。

A.更新重置成本　　　　　　　　　　B.复原重置成本

C.超额运营成本　　　　　　　　　　D.超额投资成本

7.下列计算重置成本的方法中，计算结果必然属于机器设备复原重置成本的是（　　　）。

A.重置核算法　　　　　　　　　　　B.物价指数法

C.功能价值法　　　　　　　　　　　D.规模经济效益指数法

8.运用价格指数法评估机器设备的重置成本仅仅考虑了（　　　）。

A.技术因素　　　　B.功能因素　　　　C.地域因素　　　　D.时间因素

9.物价指数法是以（　　　）为依据，用物价指数进行调整计算重置成本的一种方法。

A.市场售价　　　　　　　　　　　　B.账面历史成本

C.折余价值　　　　　　　　　　　　D.账面净值

10.某设备是2016年9月1日购进的，购进价格为200 000元，评估基准日为2019年9月1日。该设备2016年和2019年的定基价格指数分别是120%和110%。该设备的重置成本最接近于（　　　）元。

A.183 333　　　　　B.240 000　　　　　C.220 000　　　　　D.218 182

11.用物价指数法评估进口设备时应选用（　　　）。

A.设备进口国生产资料物价指数　　　B.设备出口国综合物价指数

C.设备出口国分类物价指数　　　　　D.设备进口国综合物价指数

12.机器设备评估中的综合估价法是利用了设备的（　　　）之间的比例关系设计的。

A.投入与产出

B.费用与收入

C.设备重置成本与主材和主要外购件费用

D.价值与功能

13.机器设备评估中，（　　　）根据设备的主材费和主要外购件费与设备成本费用有一定的比例关系，一般通过确定设备的主材费用和主要外购件费用，计算出设备的完全制造成本，并考虑企业利润和设计费用来确定设备的重置成本。

A.价格指数法　　　B.重置核算法　　　C.直接法　　　D.综合估价法

14.重新购置一台生产机器，现行市场价格为300万元，运杂费为20万元，直接安装费为3万元，其中人工成本为1万元，原材料成本为2万元，已知安装成本中的间接成本为每人工成本3元，则用重置核算法计算的重置成本为（　　）万元。

    A.293　　　　　　　B.300　　　　　　　C.326　　　　　　　D.329

15.通过分别测算机器设备的各项成本费用来确定设备本体重置成本的方法是（　　）。

    A.重量估价法　　B.重置核算法　　C.类比估价法　　D.综合估价法

16.运用成本法评估机器设备时，如果评估对象是一台全新的设备或一个全新的工厂，则评估对象的价值为它的（　　）。

    A.销售价格　　　　B.购买价格　　　　C.重置成本　　　　D.重建成本

17.自制设备本体的重置成本一般为按照（　　）计算的建造成本。

    A.当前的价格标准　　　　　　　　B.购买价

    C.其他方法　　　　　　　　　　　D.现行市场销售价格

18.通用设备一般按照（　　）确定重置成本。

    A.现行市场销售价格　　　　　　　B.其他方法

    C.购买价　　　　　　　　　　　　D.当前的价格标准

19.现有一台通用设备，原价3万元，设备运杂费为5 000元，安装费率2%。设备的安装费为（　　）元。

    A.900　　　　　　　B.700　　　　　　　C.800　　　　　　　D.600

20.进口设备的国内运杂费不包括（　　）。

    A.运输超限设备特殊措施费　　　　B.运输费用

    C.港口费用　　　　　　　　　　　D.国内运输保险费

21.某进口设备到岸价为260万元，国际运费为30万元，海上保险费率为0.5%，进口从属费合计为50万元，设备国内运杂费率为3%，则该进口设备国内运杂费为（　　）万元。

    A.1.5　　　　　　　B.9.3　　　　　　　C.8.7　　　　　　　D.7.8

22.进口设备的到岸价格是指（　　）。

    A.设备的离岸价＋进口关税

    B.设备的离岸价＋海外运杂费＋进口关税

    C.设备的离岸价＋海外运杂费＋境外保险费

    D.设备的离岸价＋境外保险费

23.进口机器设备消费税的计税基数是设备的（　　）。

    A.FOB＋关税　　　　　　　　　　B.FOB＋关税＋增值税

    C.CIF＋关税　　　　　　　　　　D.CIF＋关税＋增值税

24.进口设备的外贸手续费的计费基数是（　　）人民币数额。

    A.FOB＋关税　　　　　　　　　　B.CIF＋关税

    C.CIF　　　　　　　　　　　　　D.CIF＋增值税

25.进口应税消费品增值税的组成计税价格是（　　）。

    A.关税完税价格＋关税＋消费税　　B.关税完税价格＋关税

    C.成本×（1＋成本利润率）　　　　D.货物到岸价格＋关税＋消费税

26. 当机器设备利用率小于1时表示（　　）。

    A. 满负荷运转　　　　　　　　　　　B. 超负荷运转

    C. 开工不足　　　　　　　　　　　　D. 与资产负荷无关

27. 机器设备实际已使用年限表示为（　　）。

    A. 名义已使用年限×资产利用率　　　　B. 总使用年限×资产利用率

    C. 尚可使用年限×资产利用率　　　　　D. 名义已使用年限 + 尚可使用年限

28. 鉴定机器设备的实际已使用年限，不需考虑的因素是（　　）。

    A. 技术进步因素　　　　　　　　　　B. 设备使用的日历天数

    C. 设备使用强度　　　　　　　　　　D. 设备的维修保养水平

29. 某被评估实验室设备已投入使用5年，按设计标准，在5年内应正常工作14 600小时。由于实验室利用率低，如果按一年365天计算，在过去的5年内平均每天只工作4个小时。经专家分析，若按正常使用预测，自评估基准日起该设备尚可使用15年，若不考虑其他因素，则该设备的成新率最接近于（　　）。

    A.0.86　　　　　　　　B.0.82　　　　　　　　C.0.75　　　　　　　　D.0.72

30. 设备成新率是指（　　）。

    A. 设备综合性陈旧贬值率的倒数　　　B. 设备有形损耗率的倒数

    C. 设备有形损耗率与1的差　　　　　D. 设备现实状态与设备重置成本的比率

31. 比较简单的大型冲压模具常用（　　）确定机器设备的重置成本。

    A. 重置核算法　　B. 类比估算法　　C. 重量估价法　　D. 价格指数法

32. 自制设备本体的重置成本一般按照（　　）计算建造成本。

    A. 当前的价格标准　　　　　　　　　B. 购买价

    C. 其他方法　　　　　　　　　　　　D. 现行市场销售价格

33. 下列关于实体性贬值测算中的可修复性损耗和不可修复性损耗说法正确的是（　　）。

    A. 大多数情况下，可修复性损耗和不可修复性损耗是并存的，应分别进行计算

    B. 大多数情况下，两项损耗中要重点考虑其中一项损耗，需着重计算

    C. 大多数情况下，只存在一种损耗

    D. 以上说法均不正确

34. 运用修复费用法估测成新率适用于（　　）。

    A. 所有机器设备

    B. 具有特殊结构及可补偿性有形损耗的设备

    C. 具有特殊结构及在技术上可修复的有形损耗的设备

    D. 具有特殊结构及不可补偿有形损耗的设备

35. 修复费用法适用的可修复费用是指（　　）。

    A. 修复在技术上可行　　　　　　　　B. 经济上可行但技术上不可行

    C. 技术上可行但经济上不可行　　　　D. 修复在经济上和技术上都可行

36. 设备实体性贬值的程度可以用（　　）来反映。

    A. 设备的价值损失与设备价值之比　　B. 设备的价值损失与重置成本之比

C.设备的价值损失与设备残值之比 D.设备的残值与重置成本之比

37.下列设备实体性贬值常用的确定方法中,( )可以依据经验判断设备的磨损程度及贬值率。

    A.观察法   B.直接法   C.修复费用法   D.使用年限法

38.( )是由于无形磨损而引起的资产价值的损失。

    A.功能性贬值   B.经济性贬值   C.操作性贬值   D.实体性贬值

39.导致被评估机器设备功能性贬值的因素是( )。

    A.市场竞争加剧,产品需求降低,设备开工不足,生产能力相对过剩

    B.新技术的发展,使得被评估设备的运营费用相对提高

    C.原材料、能源提价,造成生产成本提高,而售价没有相应提高

    D.设备没有投入使用,在闲置和存放过程中产生损耗

40.某企业被评估设备的超额运营成本净额为 10 000 元,剩余使用年限为 3 年,设折现率为 10%,该设备的功能性贬值率最接近于( )。

    A.2.49   B.0.91   C.1.67   D.2

41.被评估设备甲 3 年前购置,预计评估基准日后甲设备与同类新型设备相比每年运营成本增加 10 万元,甲设备尚可使用 8 年,若折现率为 10%,企业适用的所得税税率为 25%,不考虑其他因素,则甲设备的功能性贬值额为( )万元。

    A.53.35   B.25.38   C.5.34   D.40.01

42.超额运营成本形成的功能性贬值,等于资产剩余使用年限内的( )。

    A.各年运营成本净值的折现值之和   B.各年净超额运营成本的折现值之和

    C.各年运营成本的折现值之和   D.各年超额运营成本的折现值之和

43.相关市场背景分析调查资料属于( )贬值的内容。

    A.经济性   B.实体性   C.功能性   D.综合性

44.当设备出现( )情形时,评估师在进行评估时需要考虑其是否存在经济性贬值。

    A.废品率上升

    B.维修费用上升

    C.市场竞争加剧导致使用率持续下降

    D.技术水平相对落后

45.下列关于导致机器设备经济性贬值的因素的说法中,正确的是( )。

    A.受自然界中有害气体的侵蚀,设备出现腐蚀和老化

    B.设备零部件受到冲击,导致设备零部件精度降低

    C.由于技术进步,使得相同功能新设备的制造成本比过去降低

    D.国家环境保护的法律使设备强制报废,缩短了设备的正常使用寿命

46.某设备已使用 12 年,按目前技术状态还可以正常使用 8 年,由于国家实施新环保政策,4 年后将强制报废。若该设备账面原值 40 万元,重置成本为 50 万元,则该设备的经济性贬值为( )万元。

    A. 6   B.7.5   C. 24   D. 30.25

47.某产品生产线,根据购建时的市场需求,设计生产能力为年产1 500万件,建成后由于市场发生不可逆转的变化,每年的产量仅有900万件,40%的生产能力闲置。该生产线的重置成本为200万元,规模经济效益指数为0.8,不考虑实体性磨损,计算该生产线的经济性贬值约为(　　)万元。

A.120.47　　　　　B.88.6　　　　　C.67.1　　　　　D.42

48.某被评估生产线的设计生产能力是年产40 000台产品,因为市场结构的变化,每年减少4 000台产品,每台产品损失利润300元,该生产线尚可继续使用3年,企业所在行业投资回报率为10%,所得税税率为20%,则该生产线的经济性贬值额为(　　)元。

A.3 000 000　　　　B.2 984 280　　　　C.2 387 424　　　　D.2 465 978

三、多项选择题

1.机器设备的重置成本应包括(　　)。

　A.机器设备日常维修费用　　　　　　B.机器设备的购置费用

　C.设备的大修费用　　　　　　　　　D.设备的调试费用

2.国产设备原价包括(　　)。

　A.国产标准设备原价　　　　　　　　B.国产非标准设备原价加运费

　C.国产标准设备原价加运费　　　　　D.国产设备税后价

3.价格指数法可用于(　　)设备重置成本的估测。

　A.无参照物的　　　　　　　　　　　B.无现行购置价的

　C.无财务核算资料的　　　　　　　　D.无账面原值的

4.在设备评估中,重置核算法经常适用于(　　)设备重置成本的估算。

　A.通用　　　　　　　B.进口　　　　　　　C.非标准

　D.自制　　　　　　　E.租赁

5.进口设备的重置成本包括(　　)。

　A.设备购置价格　　　　　　　　　　B.设备运杂费

　C.设备进口关税　　　　　　　　　　D.银行手续费

6.运用使用年限法估测设备的成新率涉及的基本参数是(　　)。

　A.设备的总使用寿命　　　　　　　　B.设备的尚可使用年限

　C.设备的使用时间　　　　　　　　　D.设备的负荷程度

7.设备成新率的估测通常采用(　　)进行。

　A.使用年限法　　　B.修复金额法　　　C.功能价值法　　　D.观测分析法

8.判断设备成新率的使用年限法中的使用年限可与设备的(　　)相互转换。

　A.运行量　　　　　B.使用强度　　　　C.工作量　　　　D.有形损耗

9.设备的实体性贬值率相当于(　　)。

　A.设备实体损耗程度与全新状态的比率

　B.设备实体损耗额与全新状态的比率

　C.设备实体损耗程度与重置成本的比率

D.设备实体损耗额与重置成本的比率

10.设备的功能性贬值通常表现为（　　　）。

　　A.超额投资成本　　　　　　　　B.超额重置成本

　　C.超额运营成本　　　　　　　　D.超额更新成本

11.设备的功能性贬值是指由于技术进步引起的资产功能相对落后而造成的设备价值损失。下列各项可能造成设备功能性贬值的有（　　　）。

　　A.由于新工艺的采用使原有设备的建造成本超过现行建造成本

　　B.由于使用及自然力的作用导致的设备的物理性能的损耗

　　C.由于新材料和新技术的采用使原有设备的建造成本超过现行建造成本

　　D.由于新工艺的采用使原有设备超过体现技术进步的同类设备的运营成本

12.分析研究设备的超额运营成本，应考虑新设备与老设备相比（　　　）。

　　A.材料消耗是否降低　　　　　　B.能源消耗是否降低

　　C.操作工人数量是否减少　　　　D.维修保养费用是否降低

13.下列属于被评估设备的功能性贬值的估算步骤的有（　　　）。

　　A.评估市场情况

　　B.确定折现率，将净超额运营成本折现，计算出功能性贬值额

　　C.估计被评估设备的剩余使用寿命

　　D.估算净超额运营成本

14.机器设备的经济性贬值通常与（　　　）有关。

　　A.市场竞争　　　　　　　　　　B.产品供求

　　C.技术进步　　　　　　　　　　D.设备保养

15.在进行机器设备评估时，经济性贬值可以概括为（　　　）。

　　A.运营费用提高产生的经济性贬值　　B.使用寿命缩短产生的经济性贬值

　　C.市场竞争加剧产生的经济性贬值　　D.产品销售量减少引起的经济性贬值

16.下列属于设备本体的重置成本的常用计算方法的有（　　　）。

　　A.指数估价法　　　　　　　　　B.市场直接询价法

　　C.重置核算法　　　　　　　　　D.综合估价法

四、判断题

1.对于大型、安装调试周期很长的成套设备，其设备投资中的贷款部分的利息才可以作为成套设备的重置成本构成部分。　　　　　　　　　　　　　　　（　　）

2.利息费用是机器设备评估中确定机器设备重置成本时必须考虑的一个因素。

　　　　　　　　　　　　　　　　　　　　　　　　　　　　　　　　（　　）

3.运杂费和安装调试费一定是机器设备评估值的组成部分。　　　　　（　　）

4.估测一台在用续用设备的重置成本，首选方法应是利用询价法询价，然后再考虑其他方法。　　　　　　　　　　　　　　　　　　　　　　　　　　　（　　）

5.运用价格指数法估测的重置成本是机器设备的复原重置成本。　　　（　　）

6.运用物价指数法估测机器设备的重置成本其实仅考虑了价格变动因素。（　　）

7.定基价格指数是评估时点的价格指数与机器设备购建时点的价格指数之比。

（　　　）

8.运用重置核算法估测的重置成本一定是机器设备的更新重置成本。（　　　）

9.进口设备的FOB价格加上途中保险费等于进口设备的CIF价格。（　　　）

10.进口设备重置成本包括关税、运输费、杂费、银行手续费及安装调试费。

（　　　）

11.一台2016年出厂的机床，出厂后至今一直闲置没有投入使用，由于该机床没有任何坏损，因而也没有任何贬值。（　　　）

12.采用成本法进行机器设备评估时，其实体性贬值与会计上的折旧应该是一样的。

（　　　）

13.设备的实体性贬值率相当于设备实体损耗状况与全新状态的比率。（　　　）

14.机器设备的已提折旧年限就是机器设备的实际已使用年限。（　　　）

15.已提完折旧的设备的成新率为零。（　　　）

16.在机器设备评估实践中，确定设备成新率的唯一手段是使用年限法。（　　　）

17.综合成新率反映评估对象现行价值与其全新状态重置成本的比率。（　　　）

18.设备的有形损耗率=1÷设备成新率。（　　　）

19.设备的成新率等于设备剩余使用年限除以设备总使用年限，这是一个确定设备成新率的简便方法。（　　　）

20.设备加权投资年限=重置成本÷加权投资成本。（　　　）

21.设备的超额投资成本=设备更新重置成本−设备复原重置成本。（　　　）

22.机器设备净超额运营成本是超额运营成本扣除所得税以后的余额。（　　　）

23.以设备的更新重置成本作为评估的基础，可以不考虑设备因有超额投资成本形成的功能性贬值。（　　　）

24.只要设备的利用率下降，设备就一定存在着经济性贬值。（　　　）

五、计算题

1.现对一台5年前购置设备进行评估，其账面价值为30万元人民币，评估时该设备已停产，已经被新型设备所取代。经调查和咨询了解到，在评估时点，其他企业购置新型设备的价格为40万元人民币，专家认定被评估设备与新型设备的功能比为0.7，被评估设备尚可使用6年。

要求：根据所给条件：（1）估测该设备的重置成本；（2）确定该设备的成新率；（3）确定该设备的评估值。

2.某设备账面原值280万元，净值93万元，按财务制度的规定，该设备折旧年限为15年，已计提折旧10年。经调查分析确定：按现在市场材料价格和工资费用水平，新建造相同的设备的全部费用支出为380万元。经查询原始资料和企业记录，该设备截至评估基准日的法定利用时间为43 200小时，实际累计利用时间为21 600小时。经专家估算，该设备还能使用8年。

要求：根据上述资料，计算该设备实体性贬值率和贬值额。

3.某企业欲对其拥有的一台年产20万件零件的机器设备进行评估。据调查，现有一新购进的技术先进的同类机器设备，年生产能力与被评估机器设备相同，但是，由于其功能先进，每件产品可节约原材料2万元。假定被评估机器设备剩余使用年限为5年，适用的折现率为10%，所得税税率为25%。

要求：计算该机器设备的功能性贬值。

4.被评估设备为2012年购入的，评估基准日，该设备与目前相同生产能力的新型设备相比，需多用操作工人4人，每年多耗电40万度。如果每名操作工人每年的工资及其他费用为8万元，每度电的价格为0.6元，设备尚可使用4年，折现率为10%，所得税税率为25%，不考虑其他因素。

要求：计算该设备的功能性贬值。

5.被评估生产线年设计生产能力为10 000吨，评估时，由于受政策调整因素的影响，产品销售市场不景气，如不降价销售产品，企业必须减产至年产6 000吨，或采取产品降价措施以保持设备设计生产能力的正常发挥。假设政策调整将会持续3年，降价将会造成每吨产品净损失100元，折现率为10%，生产线的规模经济效益指数为0.6。

要求：根据所给条件估测该生产线所能出现的经济性贬值率和经济性贬值额。

6. 某生产线额定生产能力为 1 000 个/月，已使用 3 年，目前状态良好，观察估计其实体性贬值率为 15%，在生产技术方面，此生产线为目前国内先进水平。但是由于市场竞争激烈，目前只能运行在 750 个/月的水平上。假设已知其更新重置成本为 100 万元，这类设备的生产规模经济效益指数 X = 0.7。

要求：估算此生产线运行于 750 个/月的经济性贬值和继续使用条件下的公平市场价值。

六、综合题

1. 某生产线由两个部分构成，分别购建于 2013 年 10 月和 2014 年 10 月，账面原值分别为 600 万元、200 万元。

调查分析得知，该类设备定基价格指数在 2013 年、2014 年、2019 年分别为 110%、115%、140%，该生产线尚可使用 5 年，和当前市场上的同类生产线相比，该生产线运行所耗费电力能源较多，平均每年多耗电 3.5 万度，每度电按 0.6 元计算。所得税税率为 25%，折现率为 10%。

要求：根据上述资料，请回答下列问题。

（1）计算该生产线在 2019 年 10 月 30 日的公允价值，并写明过程。

（2）如何分析计算机器设备的功能性贬值和经济性贬值？

（3）估测机器设备成新率的主要方法有哪些，如何使用。

2.被评估成套设备购建于2011年12月，账面价值100万元，2016年12月对设备进行技术改造，追加投资20万元，2019年12月对该设备进行评估。经评估人员调查分析得到如下数据：

（1）从2009年到2014年，每年该类设备价格上升率为10%，而从2014年至2019年设备价格维持不变；

（2）该设备的月人工成本比其替代设备超支2 000元；

（3）被评估设备所在企业的正常投资报酬率为10%，规模经济效益指数为0.7，所得税税率为25%；

（4）该设备在评估前使用期间的实际利用率仅为正常利用率的80%，经技术检测该设备尚可使用5年，在未来5年中设备利用率能达到设计要求。

要求：

（1）计算被评估设备的重置成本及各项损耗；

（2）计算该设备的评估值（以万元为单位，计算结果保留两位小数）。

3.某被评估的生产控制装置购建于2012年，原始价值为100万元，2015年和2017年分别投资10万元和5万元进行两次更新改造。2019年对该资产进行评估。调查表明，从2012年到2019年年通货膨胀率为5%。该设备尚可使用5年。另外，该生产控制装置正常运行需要6名操作员，而目前新型同类设备仅需要4名操作员。假定待评估装置与新装置的运营成本在其他方面相同，操作员的人均年工资福利费为40 000元。所得税税率为25%，适用的折现率为10%。

要求：根据上述资料采用成本法对该资产进行评估（计算结果保留两位小数）。

项目综合实训

【实训目的】

成本法是机器设备评估中常用的一种方法。重置成本和三种贬值（实体性贬值、功能性贬值、经济性贬值）的确定是成本法的核心所在。通过成本法对机器设备评估的实际操作训练，使学生熟练运用成本法评估机器设备价值，掌握成本法概念、计算公式、各因素的测算，进一步巩固理论学习内容，并能运用于实践中。

【实训资料】

某企业委托某评估事务所对其拥有的空调生产线进行评估。评估基准日为2019年12月31日。要求评估该空调生产线的价值。具体评估资料如下：

（1）该生产线于2012年12月31日购置，账面原值为300万元，账面净值138万元，年生产能力为5 000台，并在当年全部销售。评估基准日评估人员在市场上寻找到与被评估生产线相类似的生产线，参照生产线的年生产能力为4 500台，规模经济效益指数为0.6，参照生产线的全新购建成本为380万元。

（2）由于该被评估生产线的自动化控制装置损坏，将予以更换，预计更换费用为58万元。

（3）评估人员发现与市场上新型空调生产线相比，被评估生产线耗电量比较高，每年比新型生产线多耗电12 000度。预计评估基准日后电价将保持在0.8元/度的水平上。

（4）自该空调生产线购置以来，其空调产品每台销售价格为3 500元，评估人员预测评估基准日后由于空调业市场竞争加剧，前4年还能维持现价销售，从第5年开始，为维持市场占有率，预计每台空调将降价200元进行销售。

（5）经评估人员测定，该生产线还能够使用6年，假定所得税税率为25%，折现率为10%。

【实训要求】

（1）估算机器设备的重置成本有哪些方法的？该评估业务采用哪种方法计算其重置成本？

（2）估测机器设备成新率的主要方法有哪些？在评估实践中如何运用。

（3）计算该生产线的价值。

项目九

市场法评估机器设备

任务一　市场法的基本原理

一、思考题

1.说明市场法的理论依据及应用前提条件是什么。

2.市场法应用的基本步骤是什么。

二、单项选择题

1.在影响机器设备市场价值的因素中，快速变现属于（　　）。

　　A.个别因素　　　　B.交易因素　　　　C.时间因素　　　　D.地域因素

2.市场法所遵循的基本原则是（　　）。

　　A.贡献性原则　　　B.合法原则　　　　C.独立性原则　　　D.替代原则

3.下列关于市场法评估技术思路的说法中，错误的是（　　）。

　　A.市场法要求充分利用类似资产成交价格信息，并以此为基础判断和估测被评估资产的价值

　　B.市场法是根据替代原理，采用比较或类比的思路估测资产价值的评估技术方法

　　C.选择的市场参照物应当与被评估资产在用途及性能上完全相同

　　D.任何一个理智的投资者在购置某项资产时，所愿意支付的价格不会高于市场上具有相同效用的替代品的现行市价

4.运用市场法时选择3个及3个以上参照物的目的是（　　）。

　　A.使参照物具有可比性　　　　　　　B.便于计算

　　C.排除参照物个别交易的偶然性　　　D.避免张冠李戴

5.用市场法评估资产的正常变现价值时，应当参照相同或类似资产的（　　）。

　　A.重置成本　　　B.现行市价　　　C.清算价格　　　D.收益现值

6.采用市场法评估资产价值时，可以作为参照物的资产应该是（　　）。

　　A.全新资产

　　B.旧资产

C. 与被评估资产相同或者类似的资产

D. 全新资产，也可以是旧资产

三、多项选择题

1. 应用市场法进行资产评估必须具备的前提条件有（　　）。

A. 需要有一个充分发育、活跃的资产市场

B. 必须具有足够数量的参照物

C. 可以收集到被评估资产与参照物可比较的指标和技术参数

D. 市场上必须有与被评估资产相同或相类似的全新资产

2. 下列关于市场法的说法正确的有（　　）。

A. 市场法是最直接、最具说服力的评估方法之一

B. 市场法中的直接比较法的适用条件是参照物与评估对象之间达到相同或者基本相同的程度，或者两者的差异主要体现在某一明显的因素上

C. 间接比较法的适用条件是不要求参照物与评估对象必须一样或基本一样，只要参照物与评估对象在大的方面基本相同或相似

D. 参照物与评估对象面临的市场条件具有可比性，包括市场供求关系、竞争状况和交易条件等

3. 运用市场法评估任何单项资产都应当考虑的可比因素有（　　）。

A. 资产的功能　　　　　　　　　　B. 市场条件

C. 交易条件　　　　　　　　　　　D. 资产的实体特征和质量

4. 运用市场法要求参照物与评估对象面临的市场条件应具有可比性，具体包括（　　）。

A. 用途　　　　B. 供求关系　　　　C. 性能　　　　D. 竞争状况

四、判断题

1. 市场法是根据替代原则，采用比较和类比的思路及方法来估测资产价值的评估技术规程。任何一个理性的投资者在购置某项资产时，他所支付的价格不会高于市场上具有相同用途的替代品的现行市价。（　　）

2. 在运用市场法时，资产及其交易活动的可比性要求参照物成交的时间与评估基准日间隔时间不宜过长，主要是为了减少调整时间因素对资产价值影响的难度。（　　）

3. 运用市场法进行评估时，为了减少评估人员的工作量，选择的参照物最好不要超过3个。（　　）

4. 市场法中的间接比较法通常对参照物与评估对象之间的可比性要求较高，要求两者要达到相同或基本相同的程度，或两者的差异主要体现在某一明显的因素上。（　　）

5. 直接比较法是市场法中最基本的评估方法，该法对参照物与评估对象的可比性方面的要求并不高。（　　）

6. 资产评估中的基本方法是指评估思路与实现该思路的各种评估方法的总称。（　　）

任务二 市场法的运用

一、思考题

1.运用市场法评估机器设备，常用的具体方法有哪些？适用的前提是什么？

2.什么是相似比较法？评估实践中，一般应把握的调整比较原则有哪些？

二、单项选择题

1.运用市场法评估机器设备是通过对市场参照物进行交易价格调整完成的，常用的调整方法不包括（　　）。

　　A.比率估价法　　　B.相似比较法　　　C.收益比较法　　　D.直接比较法

2.运用市场法评估机器设备所用的方法中，能最精确地反映设备市场价值的是（　　）。

　　A.成本比率调整法　　　　　　　B.使用年限法

　　C.因素调整法　　　　　　　　　D.直接比较法

3.被评估资产年生产能力为80吨，参照资产的年生产能力为100吨，评估基准日参照资产的市场价格为20万元，由此确定的被评估资产的价值为（　　）万元。

　　A.14　　　　　　　B.8　　　　　　　C.12　　　　　　　D.16

三、多项选择题

1.机器设备评估的相似比较法一般应把握的调整比较原则有（　　）。

　　A.交易位置接近　　　　　　　　B.安装方式接近

　　C.交易方式一致　　　　　　　　D.交易背景相似

2.运用市场法评估机器设备常用的方法有（　　）。

　　A.比率估价法　　　B.相似比较法　　　C.收益比较法　　　D.直接比较法

3.运用直接比较法对汽车进行评估，要求参照物与被评估汽车基本相同，只有（　　）方面有些差异。

　　A.生产厂家　　　B.行驶里程　　　C.实体状态　　　D.型号

四、判断题

1.比率估价法是在市场上无法找到基本相同或相似的参照物时，利用从市场交易中统计分析的同类型设备使用年限与售价的关系，确定评估对象价值的评估方法。（　　）

2.利用相似比较法评估机器设备必须选择同一交易市场的参照物，否则没办法进行比较。（　　）

3.利用比率估价法评估机器设备价值，应该利用贬值程度与使用年限之间既有的函数关系。（　　）

五、计算题

1.已知评估对象的价值与其功能之间存在线性关系，参照物与评估对象仅在功能方面存在差异，参照物的年生产能力为15 000件产品，成交价格为18万元，评估对象的年生产能力为12 000件。

要求：计算评估对象的价值。

2.某企业将一台闲置的A型矿用机器对外销售，要求对其价格进行评估。评估人员经过市场调查，选择本地区近几个月已经成交的A型矿用机器的3个交易案例作为参照物，评估对象及参照物的有关情况见表9-1。

表9-1　　　　　　　　　　　　评估对象及参照物对照表

因素	参照物A	参照物B	参照物C	评估对象
交易价格（元）	150 000	120 000	140 000	
交易状况	公开市场	公开市场	公开市场	公开市场
生产厂家	北京	太原	北京	太原
交易时间	6个月前	5个月前	1个月前	
成新率	80%	60%	75%	70%

经评估师调查分析：3个交易案例都是在公开市场条件下销售的，不存在受交易状况影响使价格偏高或偏低的现象，影响售价的因素主要是生产厂家（品牌）、交易时间和成新率。

北京产的A型矿用机器比太原产的价高15%；近几个月的A型矿用机器的销售价格每月上升2%左右。

要求：根据以上资料对A型矿用机器市价进行评估。

3.某企业要转让5年前购进的生产塑料品的成套设备。评估人员通过对该设备考察，以及对市场同类设备交易情况的了解选择了3个与被评估设备相类似的近期成交的设备作为参照物。参照物及评估对象的有关资料见表9-2。

表9-2　　　　　　　　　　参照物与评估对象对照表

序号	经济技术参数	计量单位	参照物 A	参照物 B	参照物 C	评估对象
1	交易价格	万元	150	200	220	
2	销售条件		公开市场	公开市场	公开市场	公开市场
3	交易时间		3个月前	2个月前	1个月前	
4	生产能力	台/年	40 000	60 000	50 000	50 000
5	已使用年限	年	6	6	5	5
6	尚可使用年限	年	9	10	10	10

经调查分析，近半年同类设备的价格变化情况大约是每月上升0.5%；该设备的功能与其市场售价呈指数关系，功能价值指数取0.6。

要求：根据上述资料，计算该成套设备的价值。

项目综合实训

【实训目的】

通过对机器设备市场法的综合训练，使学生熟练掌握市场法基本方法的内涵、使用前提、具体方法，从而提高学生对市场法具体方法的应用能力，为今后的学习打下良好的基础。

【实训资料】

待估资产为某机器设备，其生产时间为2015年，尚可使用13年，评估基准日为2019年1月。评估人员搜集到一交易案例，该机器设备和待估设备型号相同，属同一厂家生产，交易时间为2018年12月，交易价格为124 000元，该机器设备的生产时间为2015年1月，尚可使用15年。并且在2015年同类机器设备的环比价格指数为10%，通过对交易条件的分析，评估师认为参照物的成交价格较正常价格低20%，并且其他情况与评估对象非常相似，选用市场法评估该设备的价值。

【实训要求】

（1）说明该案例的评估思路和评估程序？

（2）所选方法中包括哪些基本参数，各参数如何估算？

（3）机器设备常用的评估方法有哪些？其适用的前提条件是什么？

项目十

收益法评估机器设备

任务一　收益法的基本原理

一、思考题

1. 说明收益法的理论依据及应用前提是什么。

2. 收益法中收益额、折现率和收益期限三个基本参数的内涵、实质是什么。

二、单项选择题

1. 采用收益法评估资产时，收益法中的各个经济参数存在的关系是（　　）。
   A. 资本化率越高，收益现值越低
   B. 资本化率越高，收益现值越高
   C. 资产收益期对收益现值没有影响
   D. 资本化率和收益现值无关

2. 折现率本质上是（　　）。
   A. 期望投资回报率　　　　　　　　　B. 无风险报酬率
   C. 超额收益率　　　　　　　　　　　D. 风险报酬率

3. 年收益额/资本化率公式，是适用于（　　）情况下的收益法公式。
   A. 未来收益有限期且非年金　　　　　B. 未来收益无限期且非年金
   C. 未来收益无限期且为年金　　　　　D. 未来收益有限期且为年金

4. 大部分单项机器设备不采用收益法评估的原因是（　　）。
   A. 一般计算较为复杂　　　　　　　　B. 一般不具有独立获利能力
   C. 市场法更为通用　　　　　　　　　D. 折现率不好选取

三、多项选择题

1. 收益法评估的基本前提条件主要有（　　）。
   A. 被评估资产的未来预期收益可以预测并可以用货币衡量
   B. 未来市场交易条件可预测
   C. 资产拥有者获得预期收益所承担的风险可以预测并可以用货币衡量

D.被评估资产预期获利年限可以预测

2.资产评估中，收益法中的收益额是指（　　　）。

   A.资产的历史收益　　　　　　　　B.资产的未来收益

   C.资产的客观收益　　　　　　　　D.资产的现实实际收益

3.下列关于折现率的说法正确的有（　　　）。

   A.一般来说，折现率应由无风险报酬率和风险报酬率构成

   B.资本化率与折现率是否相等，主要取决于同一资产在未来长短不同的时期所面临的风险是否相同，两者可能是不相等的

   C.资本化率与折现率在本质上没有区别，在收益额确定的情况下，折现率越高，收益现值越低

   D.本质上讲，折现率是一个期望的投资报酬率

4.运用收益法涉及的基本要素或参数包括（　　　）。

   A.被评估资产的实际收益　　　　　B.被评估资产的预期收益

   C.折现率或资本化率　　　　　　　D.被评估资产的折旧年限

四、判断题

1.收益法是根据将利求本的思路，采用资本化和折现的思路及方法来判断和估算资产价值的各种评估技术方法的总称。（　　）

2.资产评估中的收益现值，是指为获得该项资产以取得预期收益的权利所支付的货币总额。（　　）

3.折现率与资本化率从本质上讲是没有区别的。（　　）

4.在收益额确定的前提下，资本化率越高，收益现值越高；资本化率越低，收益现值也越低。（　　）

5.一般情况下，在收益法运用过程中，折现率的口径应与收益额的口径保持一致。（　　）

6.凡是具有潜在收益的资产，都可以用收益法进行评估。（　　）

7.一般情况下，运用收益法评估资产的价值，所确定的收益额应该是资产的实际收益额。（　　）

任务二　收益法的运用

一、思考题

1.如何运用收益法评估自用机器设备的价值？

2.如何运用收益法评估租赁设备的价值?

二、单项选择题

1.某资产年金收益额为 8 500 元,剩余使用年限为 20 年,假定折现率为 10%,则其评估值最接近于(　　)元。

A.85 000　　　　　　　B.72 366　　　　　　　C.12 631　　　　　　　D.12 369

2.下列关于收益法评估机器设备的表述中,错误的是(　　)。

A.使用收益法要能够确定被评估机器设备的获利能力

B.使用收益法要能够确定资产合理的折现率

C.单项设备通常也可以采用收益法评估

D.在使用成本法评估整体企业价值时,可以使用收益法判断机器设备是否存在功能性贬值或经济性贬值

三、多项选择题

1.某企业租赁一台设备,约定未来 5 年,每年年初支付租金 10 万元,年利率为 10%,则关于该系列租金在第 5 年年末终值的计算方法,正确的有(　　)。

A.第 5 年年末终值 = 10×(F/A,10%,6)

B.第 5 年年末终值 = 10×(F/A,10%,5)

C.第 5 年年末终值 = 10×(F/A,10%,5)×(1 + 10%)

D.第 5 年年末终值 = 10×(F/A,10%,4) + 10

2.某企业的生产线预计还可以获利 10 年,未来 5 年的预期收益分别为 50 万元、60 万元、70 万元、70 万元、65 万元,并且在第 6 年之后该企业生产线的收益将保持在 65 万元不变,资本化率和折现率均为 10%,该企业生产线的评估价值为(　　)。

A.$P = \dfrac{50}{1+10\%} + \dfrac{60}{(1+10\%)^2} + \dfrac{70}{(1+10\%)^3} + \dfrac{70}{(1+10\%)^4} + \dfrac{65}{(1+10\%)^5} + \dfrac{65}{10\%(1+10\%)^5}$
$\left[1 - \dfrac{1}{(1+10\%)^5}\right]$

B.$P = \dfrac{50}{1+10\%} + \dfrac{60}{(1+10\%)^2} + \dfrac{70}{(1+10\%)^3} + \dfrac{70}{(1+10\%)^4} + \dfrac{65}{(1+10\%)^5} + \dfrac{65}{(1+10\%)^6} + \dfrac{65}{(1+10\%)^7} + \dfrac{65}{(1+10\%)^8} + \dfrac{65}{(1+10\%)^9} + \dfrac{65}{(1+10\%)^{10}}$

C.$P = \dfrac{50}{1+10\%} + \dfrac{60}{(1+10\%)^2} + \dfrac{70}{(1+10\%)^3} + \dfrac{70}{(1+10\%)^4} + \dfrac{65}{(1+10\%)^5} + \dfrac{65}{10\%(1+10\%)^5}$

D. $P = \dfrac{50}{1+10\%} + \dfrac{60}{(1+10\%)^2} + \dfrac{70}{(1+10\%)^3} + \dfrac{70}{(1+10\%)^4} + \dfrac{65}{(1+10\%)^5} + \dfrac{65}{10\%(1+10\%)^5}$

四、计算题

1.对某企业的生产线预测得出，该生产线未来还能使用5年，其第1年至第5年的年收益分别为500万元、550万元、540万元、500万元、450万元。确定折现率为10%。

要求：计算该企业的生产线的价值。

2.A公司拥有一成套设备，现出租给B公司使用，每年的租金收入为30 800元。A公司欲将其设备变卖，评估师经过现场勘查确认该设备还可以使用6年，而市场上类似设备的交易市场和租赁市场的数据见表10-1。

表10-1　　　　　　　　　　　市场数据

市场参照物	设备的使用寿命（年）	市场售价（元）	年收入（元）
1	5	124 000	30 500
2	7	163 700	36 700
3	5	121 500	29 000

要求：计算该设备的价值。

项目综合实训

【实训目的】

通过对机器设备的收益法的综合训练，使学生熟练掌握收益法基本方法的内涵、使用前提、具体方法，从而提高学生运用收益法评估机器设备的价值的具体方法的应用能力，为今后的学习打下良好的基础。

【实训资料】

评估某企业的一条生产线的价值，预测得出，该生产线还能使用10年，其第1年至第5年的年收益分别为500万元、550万元、570万元、600万元、600万元。5年后将保持600万元的收益不变。确定折现率为10%，求该生产线的价值。

【实训要求】

（1）说明该案例的评估思路和评估程序？

（2）所选方法中包括哪些基本参数？各参数如何估算？

（3）机器设备常用的评估方法有哪些？其适用的前提条件是什么？

项目十一

机器设备评估报告

任务一　机器设备评估报告基本认知

一、思考题

1.编制机器设备评估报告有什么作用？

2.机器设备评估报告的种类有哪些？

3.机器设备评估报告与一般的报告书相比有什么不同？

二、单项选择题

1.下列各项按照评估基准日划分的评估报告不正确的是（　　　）。
　　A.预测性评估报告　　　　　　　　　　B.现时性评估报告
　　C.时点性评估报告　　　　　　　　　　D.追溯性评估报告

2.下列各项的说法正确的是（　　　）。
　　A.机器设备评估报告作价意见要能够满足委托人和其他评估报告使用人的合理需求
　　B.机器设备评估报告作价意见不代表任何当事人一方的利益，是一种独立的专家估价意见
　　C.不需要对机器设备评估报告进行归档
　　D.机器设备评估报告只能由委托人使用，管理部门无权查看

三、多项选择题

1.机器设备评估报告书的作用有（　　　）。
　　A.对委托评估的机器设备提供价值意见
　　B.反映和体现机器设备评估工作情况，作为明确委托方、受托方及有关方面责任的依据

C.对机器设备评估报告进行审核，是管理部门完善资产评估管理的重要手段

D.是建立评估档案、归集评估档案资料的重要信息来源

2.按报告的详略程度划分，资产评估报告可以划分为（　　　）。

A.完整性评估报告　　　　　　　　B.整体评估报告

C.简明性评估报告　　　　　　　　D.限制性评估报告

3.按照评估法律定位划分，资产评估报告可以划分为（　　　）。

A.限制性评估报告　　　　　　　　B.法定评估业务评估报告

C.完整性评估报告　　　　　　　　D.非法定评估业务评估报告

4.下列各项关于资产评估报告的说法，正确的有（　　　）。

A.资产评估报告是按照一定格式和内容来反映评估目的、假设、程序、依据、方法、结果及适用条件等基本情况的报告书

B.我国2018年发布的《资产评估执业准则——资产评估报告》是根据要素与内容对评估报告进行重要规范的评估准则

C.按照评估范围来划分，我国资产评估报告可以分为现时性评估报告、预测性评估报告与追溯性评估报告

D.资产评估师应当在执行必要的评估程序后，根据相关的评估准则并由所在的评估机构出具评估报告

5.按评估基准日划分，资产评估报告可以分为（　　　）。

A.未来性评估报告　　　　　　　　B.现时性评估报告

C.时点性评估报告　　　　　　　　D.追溯性评估报告

四、判断题

1.当评估报告的使用者包括评估委托方以外的人员时，可以提供限制性评估报告。
（　　　）

2.某银行发放抵押贷款，欲了解抵押物两年后的市场价值，出具的评估报告是追溯性评估报告。
（　　　）

3.完整性评估报告比简明性评估报告要复杂。　　　　　　　　　（　　　）

4.资产评估报告书是建立评估档案、归集评估档案资料的重要信息来源。（　　　）

5.资产评估报告反映评估目的、假设、程序、标准、依据、方法、结果及适用条件等基本信息。
（　　　）

任务二　机器设备评估报告的基本内容

一、思考题

1.机器设备评估报告应包括哪些内容？

2.如何编制机器设备评估报告?

3.如何运用机器设备评估报告?

二、单项选择题

1.下列各项不属于机器设备评估报告编制要求的是（　　　）。
　　A.陈述的内容应当清晰、准确，不得有误导性的表述
　　B.应当提供必要信息，使资产评估报告使用人能够正确理解和使用评估结论
　　C.详略程度可以根据评估对象的复杂程度、委托人的要求合理确定
　　D.如果程序受限不应出具资产评估报告

2.下列各项不属于机器设备评估使用限制说明应当载明的事项的是（　　　）。
　　A.评估程序受限的有关情况、评估机构采取的弥补措施及对评估结论影响的情况
　　B.委托人或者其他机器设备评估报告使用人未按照法律、行政法规规定和机器设备评估报告载明的使用范围使用机器设备评估报告的，资产评估机构及其资产评估专业人员不承担责任
　　C.除委托人、机器设备评估委托合同中约定的其他机器设备评估报告使用人和法律、行政法规规定的机器设备评估报告使用人之外，其他任何机构和个人不能成为机器设备评估报告的使用人
　　D.机器设备评估报告使用人应当正确理解和使用评估结论

三、多项选择题

1.机器设备评估报告正文内容包括（　　）。
　　A.绪言　　　　　　　　　　　　　B.评估结论
　　C.评估范围　　　　　　　　　　　D.关于进行评估有关事项的说明

2.机器设备评估报告封面必须载明的内容有（　　）。
　　A.机器设备评估项目名称　　　　　B.编号
　　C.机器设备评估机构全称　　　　　D.评估报告提交日期

3.机器设备评估报告的基本要素一般包括（　　）。

　　A.评估方法　　　　　　　　　　　B.评估目的

　　C.评估基准日　　　　　　　　　　D.评估类型及其定义

4.对委托方来说，机器设备评估报告的作用包括（　　　　）。

　　A.根据评估目的，在相关业务中明确资产作价

　　B.作为企业进行会计记录或调整账项的依据

　　C.作为履行委托协议和支付评估费用的依据

　　D.作为委托方进行有关申诉的资料之一

5.对资产评估管理机构来说，机器设备评估报告的作用包括（　　　　）。

　　A.了解评估机构从事评估工作的业务能力和组织管理水平

　　B.对评估机构和人员进行管理

　　C.可作为上级部门检查工作或发生纠纷时备查使用的资料

　　D.机器设备评估报告书可作为研究、分析、完善和改进资产评估管理工作的资料

6.下列各项的说法正确的有（　　　　）。

　　A.每一个机器设备评估报告的用途都应与特定目的相对应，不同评估目的的评估
　　　结果可能不同

　　B.机器设备评估报告应在其规定的有效期内使用，逾期应聘请评估机构重新评估

　　C.使用机器设备评估报告时，如发现其前提条件和假设条件发生变化，原评估结
　　　果即丧失成立的前提，应聘请评估机构重新评估

　　D.使用时应关注评估报告书的特别事项说明、基准日期后重大事项中披露的内容
　　　及其他或有事项等因素对评估结果的影响

7.机器设备评估报告特别事项说明包括（　　　　）。

　　A.权属等主要资料不完整或者存在瑕疵的情形

　　B.未决事项、法律纠纷等不确定因素

　　C.评估基准日前发生的重大事项

　　D.评估程序受限的有关情况

四、判断题

1.评估人员在评估过程中，如发现评估程序受限应立即终止评估。　　　　（　　）

2.评估结论等同于评估对象的可实现价格，应当被认为是对评估对象可实现价格的
保证。　　　　　　　　　　　　　　　　　　　　　　　　　　　　　　　（　　）

3.资产评估报告日必须与评估报告的签署日一致。　　　　　　　　　　　（　　）

4.机器设备评估报告可以作为企业联营、股份经营、中外合资等情况的机器设备交
易谈判底价。　　　　　　　　　　　　　　　　　　　　　　　　　　　　（　　）

5.应该根据机器设备评估报告的结果对企业会计记录中的机器设备进行修改。

　　　　　　　　　　　　　　　　　　　　　　　　　　　　　　　　　　（　　）

任务三　机器设备评估档案

一、思考题

1.什么是评估档案?

2.如何编制工作底稿?

二、单项选择题

1.下列各项说法正确的是 (　　)。
　A.工作底稿必须如实反映和记录评估全过程
　B.工作底稿必须重点突出,不需要记录评估的全过程
　C.工作底稿一般是评估项目组的成员在评估时编制的,可能产生差错、遗漏等问题,必须真实反映,不能修改
　D.工作底稿有些是在评估现场编制的,因而不需要字迹清晰
2.下列各项工作底稿不属于按照载体划分的是 (　　)。
　A.纸质类工作底稿　　　　　　　　B.管理类工作底稿
　C.电子类工作底稿　　　　　　　　D.其他介质工作底稿

三、多项选择题

1.下列各项可以提供机器设备评估档案的有 (　　)。
　A.国家机关依法调阅的　　　　　　B.资产评估协会依法依规调阅的
　C.评估机构人员按手续查阅的　　　D.委托人需要查阅的
2.下列各项说法正确的有 (　　)。
　A.资产评估机构应当在机器设备评估报告日后90日内将工作底稿、机器设备评估报告及其他相关资料归集形成机器设备评估档案
　B.资产评估档案涉及客户的商业秘密,评估机构有责任为客户保密
　C.评估档案自资产评估基准日起保存期限不少于15年
　D.属于法定机器设备评估业务的机器设备评估档案保存期限不少于20年

3.下列各项属于评估工作底稿编制要求的有（　　　）。

　A.应当遵守法律、行政法规和资产评估准则

　B.工作底稿必须如实反映和记录评估全过程

　C.现场调查的工作底稿大都在现场撰写，所以不需要记录清晰

　D.委托人和其他相关当事方提供的档案应由评估机构进行确认

4.按照内容划分，工作底稿可以分为（　　　）。

　A.纸质类工作底稿　　　　　　　　　B.管理类工作底稿

　C.电子类工作底稿　　　　　　　　　D.操作类工作底稿

四、判断题

　1.资产评估专业人员通常应当在机器设备评估报告日后90日内将工作底稿、机器设备评估报告及其他相关资料归集形成机器设备评估档案，并在归档目录中注明文档介质形式。　　　　　　　　　　　　　　　　　　　　　　　　　　　　（　　）

　2.工作底稿应当真实、完整，非重点机器设备的现场调查、评定估算可以简略。

　　　　　　　　　　　　　　　　　　　　　　　　　　　　　　　　　　（　　）

　3.收集、整理评估资料阶段，可以不将工作过程记录和反映在工作底稿中。（　　）

　4.管理类工作底稿是指在执行资产评估业务过程中，为受理、计划、控制和管理评估业务所形成的工作记录及相关资料。　　　　　　　　　　　　　　　　（　　）

　5.在工作底稿的编制过程中，为了保证原始资料的真实性，不需要进行审核程序。

　　　　　　　　　　　　　　　　　　　　　　　　　　　　　　　　　　（　　）

项目综合实训

【实训目的】

通过本实训，掌握机器设备评估报告的编制和档案的归档。

【实训资料】

参照项目八实训资料。

【实训要求】

（1）根据实训资料编写机器设备评估报告；

（2）对工作底稿进行归档。